ちょっと気の利いた

大人の言い回し

「ことば選び」ひとつで、自分を上げる

知的生活研究所

青春文庫

ちょっと気の利いた

大人の言い回し

知的生活研究所

青春出版社

気の利いた大人は、こんな言い回しを知っている——はじめに

「言葉」は、不思議です。形もなく、色もなく、触れることもできないのに、人にとって大変大きな存在なのです。たったひと言かけてもらった言葉が、一生忘れられない宝物となることがあるかと思えば、ぽつりと呟かれた言葉に、長い時間苦しい思いをさせられるときも……。

そんな、もろ刃の剣である言葉……あなたは、自分の言葉のチョイスや使い方に、自信がありますか？　きっと「ない」と答える人が大半ではないでしょうか。

特に話し言葉は、文書やメールのように事前に推敲したり、修正をかけたりできません。一度口から出た言葉は、もう取り消せないのです。

「……確かに」とうなずいたあなたは、きっと社会人としてごく普通の会話は不自由なく使えるものの、「できるな！」と評価されるような物言いには到達していないのではないでしょうか。

そして間違ってはいないのに、マイナスにとられたことがあるのでは？　例えば、明らかに間違っている意見に対して、会社の会議で「それはないでしょう！」と言ったら「大人気ない」。また、上司から指導をうけた際、「すみません」と恐縮した

ら、上司からため息が……。しかし、同じく教えを受けていた同輩が「ご指導ありがとうございます」と、姿勢を正し深く一礼すると、上司は「期待してるぞ」とご満悦。いったい自分のどこが悪いのかと、とまどってしまうでしょう。

しかし、嘆くことはありません。あなたの先輩も、上司も、きっと経営のトップですら、あなたと同じ悩みを持ち、そこから学んでいったのです。誰しも学習しなくてはならないこと……ならば、効率よく、早くマスターしてしまいましょう！

本書は、そんなあなたにとって、絶好の一冊です。

さまざまなシチュエーションをとりあげ、定番の言い回しや、大人ならではの気遣いのあるひと言を網羅し、好評を博した既刊『ことばのマナー　大人の話し方便利帳』。この本を、職場に置いていただくもよし、通勤電車で目を通すもよしと、場所を問わずにご活用いただけるよう、コンパクト版に改訂したのが本書です。

本書を通じて、身についた「大人の話し方」は、これから社会という戦場で生きていくあなたにとって、心強い武器となるでしょう。同時に、不用意な言葉を発さなくなるにつれ、自然と人づきあいもスムーズになり、あなたの評価は高まっていくはず。そんなあなたに、一日も早くなれるよう、本書を必携してください。

ちょっと気の利いた 大人の言い回し●目次

第2章

言いにくいことには定番言葉を駆使せよ！……35

相手の気持ちを大事にする大人の会話作法

第4章
喜怒哀楽…ケースバイケースで足し算・引き算
気持ちを届ける上質な言い方……135

編集協力／伊藤叶
本文イラスト／ポンチ絵太郎
本文デザイン・ＤＴＰ／ハッシィ

第1章

「どうしよう!」ピンチを救うひと言

マイナスを最小限にする大人の釈明フレーズ

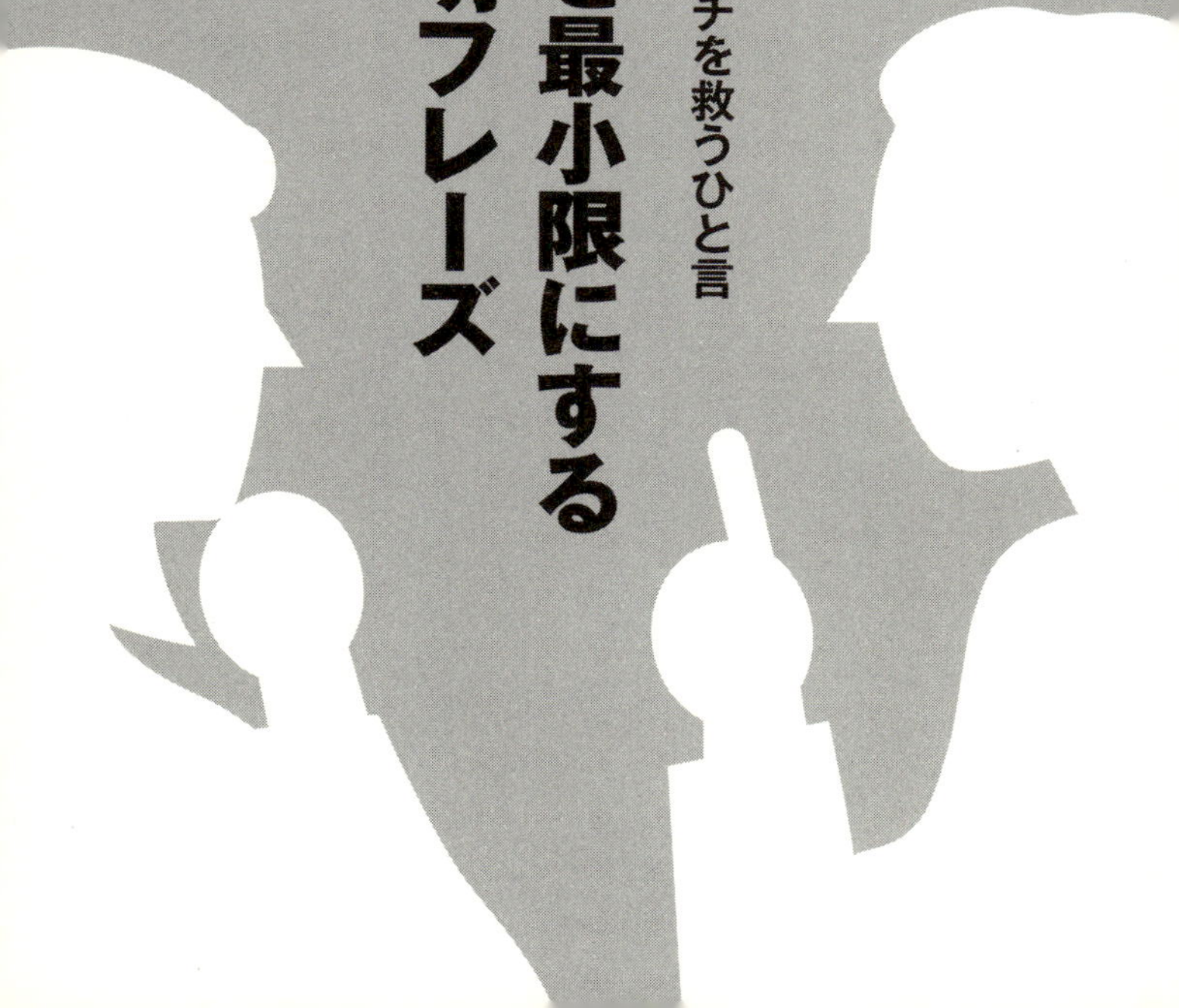

釈明＝言い訳にあらず！
〝言い訳は後、お詫びが先〟の法則

言い訳から言う人＝子供

「すみません、遅刻しました。今後は気をつけます」

「電車が遅れちゃってーそのせいで遅刻しちゃったんですよ。まいったなあ」

遅刻してきた新人社員二人の、最初のひと言です。

二人とも同じく電車の遅延で遅れました。つまり、本人が寝坊したわけでも、道草したわけでもありません。しかし、彼らの言葉から、この二人の大人度は推《お》し量《はか》れます。

どんな理由であれ、遅刻は遅刻、ミスはミス。まずは真摯《しんし》な態度で、お詫びから始めましょう。

即対応でミスをリカバー

またある朝、前夜の社内の打ち上げで、ちょっと羽目を外した二人が出社しました。

「おはようございます。昨日は飲みすぎまして、大変失礼いたしました」

「お、おはようございます……」

先輩から「ま、新人のときにはよくあることだよ。気にするな」とフォローしてもらったのは、当然、朝一番でお詫びをした最初の人だけです。

気まずいなあ、なんかのついでにちょっと謝ればいいや……と考えた後の人は、冷たい社内の視線を浴びつつ、もう謝るタイミングを失ってしまうでしょう。

何事もタイミングが重要です。特にお詫びは、即対応を心がけましょう。隠したり、ごまかしたりしても、よい結果は得られません。

特に仕事上のミスでは、事態を悪化させ、取り返しのつかない損失に結びついてしまいます。

まずはすぐにお詫びする。ミスを報告する。そんなスピーディーな対応が、ミスをリカバーする最初のステップになるのです。

遅刻

「申し訳ございません」その後《あと》に…

寝坊した！　もう始業時間には間に合わない！

△ 寝坊しました

○ 申し訳ございません。家を出るのが遅くなりまして

始業時間を過ぎていたらすぐに、まだの場合は始業時間近くになった段階で、すぐに連絡しましょう。

× 昨日、遅かったもので

前日が宴会だろうが、出張だろうが、事前に出社が遅れることを伝えていない以上、始業時間に間に合うのが当然。特に宴会の次の日、遅れてくるのは上司にとっては最悪の部下です。「宴会禁止だな」と申し渡されること必至。

しかし寝坊したわけでもないのに、乗った電車が遅れるときも。

△ 電車が事故で……

○ 申し訳ございません。電車の事故で遅れてしまいました

たとえ電車の事故だったとしても、遅れたことは電車の責任ではなく、あなたの責任。まずお詫びしてから、事情を説明します。

遅延証明をもらっておく

電車が遅れた場合、「遅延証明」という小さな紙が改札に用意されている。この紙をもらって、お詫びする際に提出。

社内の場合はまだしも、取引先に遅刻してしまった場合。あなた自身のマイナスよりも、会社としてのマイナスが大きな問題です。

会った最初に「申し訳ございませんでした」とお詫びするのはもちろんのこと、辞するときにも重ねてお詫びをします。

△ 本日は遅れまして、申し訳ございませんでした

○ せっかく貴重なお時間を割いていただきましたのに、遅れましてほんとうに申し訳ございませんでした

四の五の言い訳するのは、二流ビジネスマン。ミスはミスとしてきっちりお詫びをし、その誠意を汲み取っていただけるよう努力しましょう。

それがあなたのマイナスポイントを補い、ひいては会社が受けたマイナスイメージを払拭《ふっしょく》します。

もちろん、このお詫びも何度も繰り返すようでは逆効果です。「前も同じこと言っていたねえ」と皮肉を言われるのがオチ。遅刻は、もっとも避けるべきミスのひとつと心得ましょう。

すぐに連絡、すぐにお詫び

「本日のお打ち合わせですが、大変申し訳ございません。○分ほど遅れてしまいそうなのです。誠に申し訳ございません」

忘れた…

「うっかり…」のみでは問題外

「明日の会議、企画書のプリントアウトを忘れないようにな」「はい」。元気よく返事をしたあなたですが、翌日、うっかり書類の印刷を忘れてしまいました。

まずは上司にお詫びしなくてはなりません。

△ すみませんでした

○ 申し訳ございません。用意できなかったので、代わりにパソコンに入っているデータを見ていただくようにいたします

お詫びは、解決策とセットでこそ機能します。そのためにも、常日頃から二重三重に、トラブル対処法を蓄積しておくことが肝心です。また、

×うっかり忘れていました

反射的に口に出そうですが、ぐっと我慢。〝うっかり忘れてしまう部下〟は、上司にとっては頼りなく、何も任せられない人物になってしまいます。ともかく、この失態を乗り越えるための方策を提案できるよう、頭を切り替えること。

スケジュールは共有化するのが基本
自分のスケジュールは自分で管理するのは当然だが、上司や同僚などに常に報告し、公表しておくと安心。

またあるとき。「君！　明日は例の企画書の締め切りなんだが、どうだね？」
すっかり抜け落ちていたあなた。

△すみません、何もしていません

○申し訳ございません。まだきちんとまとめられないので、今日一日、待っていただけますでしょうか？

あなたがまるっきり忘れていたにせよ、上司としては企画書があがってくるのかどうかが、もっとも大きな問題。

日ごろからスケジュール管理をしっかりすることはもちろんですが、「ぎゃ！忘れていた！」となったなら、その段階から挽回すべく、残業も徹夜も厭《いと》わず、全精力を傾けることです。

ほうれんそうの法則

報告・連絡・相談の3点セットを忘れなければ、あなたのミスは上司がフォロー可能なはず。

✕無理です

これは、〝禁句〟です。「今さら何言っているんだ！」の一喝《いっかつ》がきて当然。上司は、まかせた＝できると判断した。つまり上司の判断ミスを、あなたが批判した形となります。どこでつまずいているのか、なぜスケジュールどおりに進行できなかったのか。その原因を探り、成果をあげるべく、前向きな相談をすることが、あなたの仕事です。

ミス

誠実な次なるひと言で挽回せよ！

ミスをしない人間はいません。問われるのは、そのときの応対です。

△ **失敗しました**

○ **失礼いたしました。すぐにやり直します**

ミスプリント、書類の誤字脱字、ちょっとした勘違い……。単純なすぐに取り返せるミスは、その場でお詫びすることが大切。そして、すぐにミスを取り戻す行動を起こすことを表明します。いうまでもないことですが、

× **ミスしたんですけど……**

は、問題外。「ミスしたのはわかった。で？　どう挽回するつもり？」上司が聞きたいのは、挽回方法です。

全面的な助けを求めるのは、あなたの甘え。上司に頼ることはあっても、甘えてはいけないのです。

しかし、すぐに取り戻せそうもない失敗、取引先とのトラブルなどの深刻な事態はどうしましょう？

△ あの実は……

○ 今、お時間よろしいでしょうか？ 大変申し訳ないのですが、実は……

失敗は時間を経ることで、さらに深刻化します。問題が起こった段階で、すぐに上司に報告しましょう。

その際、相談にのってもらえる状態かどうか「お時間よろしいでしょうか？」で確認します。

このとき、あなたが全面的に悪い場合は、

△私のミスで……

○私の失態で、先方にご迷惑をかけてしまいました

○私の勉強不足で、先方の心証を悪くしてしまいました

自分に責任があることを明言し、現在の先方の状況、感情（心証）を伝えます。事情説明はその先です。そしてわかりやすく端的に説明できるよう、見ていただきたい書類などは事前に用意しておきましょう。

しかし、実は仕事相手に問題があったときは、どう言うべきでしょうか。

×先方担当がダメで

などというセリフは、あなたの評価を落とすだけです。人をダメ扱いしている間は、決してよい仕事はできません。「かなり、こだわりがおありのようで」など、「なかなか決定してくれない」＝「こだわりがある」と、短所は長所に変換して言い表すのが、社会人のマナー。あなたの仕事は人物評ではなく、円滑に仕事を行うこと！

○
WC
×
責任転嫁
すぐに報告
ミスしたら…
すぐに対処
×
丸投げ
うわ
ん
×
隠蔽・放置

泥酔

「すみません」連発ではお子様レベル

昨夜は職場の慰労会でした。楽しいお酒だったのはいいのですが、あなたは酔いすぎて、記憶が飛んでいます。

さて翌朝。

△

昨夜はすみません

○

昨夜はご迷惑をおかけして、ほんとうに申し訳ございませんでした

人に指摘される前に、先に酔いすぎたことをお詫びします。

しかも酔いすぎて一人では帰れず、先輩に送ってもらったなら、

△

送ってもらってすみません

○送っていただき、ありがとうございました

お詫びを感謝の言葉に変換して、お礼を言いましょう。カン違いしてはいけないのが、

×酒の席でのことですから

こう言えるのは、謝られている相手だけ。自分からそう言ったのでは、「酔ったら何をするかわからないから、気をつけて」と自分を大トラ扱いしていることに。

×無礼講って言われたもので

――というのは、理由になりません。無礼講にも〝礼〟があることを知っているのが、社会人なのです。

お酒の断り方

「どうぞ私の分まで」と、相手にお酒を勧めるとよい。
また、お酌されそうになったら、盃やコップの上に手でフタをして、「もう充分いただきました」と、やんわり断るのが大人流。

失言

「言い過ぎました」だけでは気持ちは伝わらない

「あ、しまった。言い過ぎた！」いわゆる〝舌禍《ぜっか》〟を引き起こしたときは、

△ 言い過ぎました

○ 私の失言でした

○ 軽はずみな発言でした。お許しください

と、すぐにお詫びしましょう。

発言前に一呼吸
言い過ぎ発言は、反射的＆感情的に起こりがち。発言前に、一呼吸おく習慣をつけよう。

議論の最中、声を荒げてしまったなら、

○ **暴言でした。取り消します**

で、前言を撤回します。

酔っ払って、上司や先輩に無礼な言葉を投げかけてしまったなら、

△ **酔ってバカなことを言いました**

○ **お聞き苦しいことを申し上げ、お詫びのしようもございません**

酔っていると、その場で適切なお詫びができないこともあるでしょう。ならば、翌日すぐに、その方にお詫びに伺いましょう。時間がたてばたつほど、心証が悪くなります。

大人は〝のまれない〟
酒にのまれる、雰囲気にのまれる……大人は〝のまれない〟ことが大事。誰かがあなたを見ている、それを忘れずに。

また、こっそり言ったつもりの悪口や批判が、その人の耳に届き、すっかりご立腹。……となったら、

△ 申し訳ございませんでした

○ 失礼な発言をしてしまい、深くお詫び申し上げます

批判、批評は、隠れて言っても、なんの効果もありません。会議など公の席で、相手の努力をきちんと評価しつつ、やんわりと……が基本です。

× 間違ったことを言ったとは思っていません

ほんとうにそう思っていたとしても、大人ではない表現。悪事がばれ、開き直ったとしか思われません。また、

× 本音じゃないんです

なんていう、〝今さら発言〟は、言えば言うほど本音に聞こえます。無礼を真摯《しんし》に詫びて、自重することが大事です。

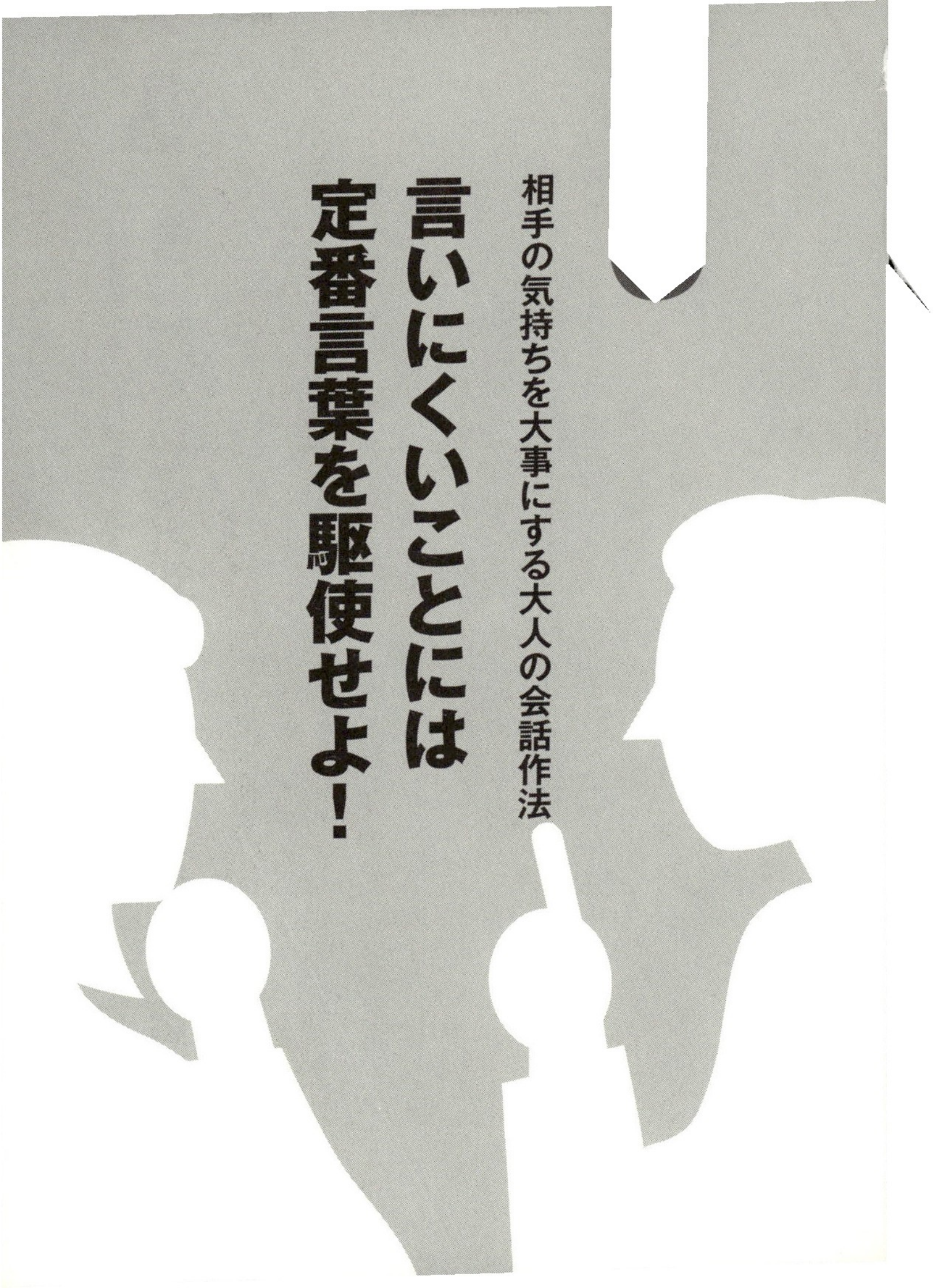

相手の気持ちを大事にする大人の会話作法

言いにくいことには
定番言葉を駆使せよ！

「結局何が言いたいの?」では大人失格

言いにくいことだからこそ、正しく伝達

前置きフレーズを最大限に利用

なかなか切り出しにくく、またどう言うべきか迷うとき。日本には「言葉にはできないが気持ちを察してほしい」という文化もあり、そのため誤解を生じたり、かえって事がややこしくなる場合も少なくありません。

しかし逆に、そういった言いにくいことを言う前の〝前置きフレーズ〟が存在します。

「言いにくいことなのですが」「まったくもって申し訳ないのですが」「質問してもよろしいですか?」、部下を叱るなら「ちょっといいかな?」など、「これから言いにくいこと(反論や確認、叱責など)を言うので、聞いてもらえますか?」と、相手に対し、本題に入る前のウォーミングアップを促せます。ぜひ活用しましょう。

遠慮がかえって事をややこしくする

前置きフレーズから話し始め、いよ

いよ本題。

そうなったら、あれこれ言い訳じみたこと、周辺のことはさておき、ずばり本題に入りましょう。

「10分も話を聞いていたけど、結局あなたは何が言いたいの？」などという会話になってしまっては、意味がありません。相手の時間を無駄に消費し、あなたを〝言いたいことも伝えられない人〟という人物にしてしまいます。

そしてもうひとつ、特に叱責《しっせき》や反論、クレームなど、相手にとって耳の痛い話をする場面で重要なのは、相手の人格を攻撃しないこと。

「こんなミスをして、君は小学生か？」と叱る、イコール「あなたこそ、そんな叱り方しかできなくて、いったい何歳だ？」なのです。

前置き

お願い事を受けてもらえるか否かは、切り出し方ひとつ！

お願い事には、その内容に応じて、切り出しの言葉が、決まっています。一般には、

△ あの、実は……

○ 折り入って、お願いしたいことが……

ちょっと言い出しにくいお願い事なら、

早めに切り出す
さんざん楽しく飲み食いした後、「実は折り入って……」では、それまでの愉快な気持ちが台無し。

○ はなはだ申し上げにくいことですが……

「よろしければ、ぜひ！」という気持ちをこめるならば、

○もしさしつかえなければ

「こんなお願いをして申し訳ない！」というケースなら、

○誠に厚かましいお願いでございますが……

言い出しにくいこと、たとえば失敗のとりなしや、借金の申し込みなどは、

○身の縮む思いでございますが……

○無理を承知でお願いするのですが……

前にもお願いしたことを、再度お願いするときは、

○重ね重ね、誠に恐縮ですが……

など、依頼内容に即したクッション言葉を使いたいものです。

そして、深く頭を垂れること。これらの前置きの後、わかりやすく簡潔に、お願

いの内容やその事情をお話しします。

お願い事は声かけも重要！
就業時間終了間際、出かける予定時間。こんなときに話しかけられること自体、迷惑千万。相手の状況を的確に判断しよう。

注意したいのが、こんな逆効果フレーズ。

×○さんにもお願いしたのですが

多数の会員を募るとき、多くの人の賛同を得たいときにはいいのですが、個別のお願いでは×。「それじゃ、そっちでやってもらえば？」と冷たくあしらわれそうです。

×断られると困るのですが

これも、考えもの。真剣なまなざしでこう言われたら、相手にとっては脅迫《きょうはく》まがいに感じてしまうかもしれない。「ほかに頼るところもなく、ぜひ……」が正解。

依頼

「お取り成し」「お骨折り」…使いこなせますか？

礼儀正しい前置きで話を切り出したなら、いよいよ本題。大人ならではの表現で、頭を下げてお願いします。

まずは、けんかの仲裁は「お取り成し」

○ **お取り成しいただけませんでしょうか？**

具体的に何か、世話を焼いてほしいなら「お骨折り」

○ **お骨折り願えませんでしょうか？**

お金を貸してほしい場合は、「ご融通《ゆうずう》」

○ **少しばかり、ご融通いただけないでしょうか？**

お見合い相手を探してほしいときは、

○どなたかよい方がいらっしゃいましたら、ぜひ……

いずれの場合も、日常言葉を〝大人変換〟してお願いするのがコツです。

断られたらしつこくしない

断るという行為は、心苦しいもの。それなのに「そこをなんとか!」と何度も執拗に迫るのは、だだをこねる子供の行為。

なお、よく誤用されるのが、

×お力になっていただけませんか?

「力になる」というのは、「自分が誰かの力になる」ときに使う言葉です。相手に依頼するときには、「お力添えいただけませんでしょうか」。

仲介

「会わせてください」では無礼者

取引したい会社の担当者、知りたい情報を持っている人、そんな自分にとってぜひ会いたい方と、この人を通じてコンタクトしたい!

△ ぜひ会わせてください

○ ぜひお引き合わせ願えませんか?

○ ぜひ、仲介の労をお取りいただきたいのですが……

お願い事は、断定的に「~してください」では命令口調となり、むっとされてしまいがち。

原則として、「~していただけませんでしょうか?」「~をお願いできませんか」「いただきたいのですが……」という表現にしましょう。

ごく親しい間柄、先輩や気のおけない兄貴分・姉貴分、そんな方相手なら、「紹介してください」と言っても無礼とは思われないでしょうが、そのあたりの距離感を的確に測りたいものです。

紹介者の指示に従う
紹介状を持って訪ねる。まずは紹介者が電話したあと、コンタクトをとる等々、紹介者の指示に従って出会いをセットする。

また逆に、「こういう人がいるよ。きっと君の仕事のいいサポーターになってくれるよ」と、紹介をお申し出くださった場合。

×よさそうですね

×会ってみてもいいですね

これでは「何様？」状態。人との出会いは縁。その縁をつないでくれる人へは、「ありがとうございます。よろしくお願いします」とお礼を言うのが筋ですね。

無理…

「申し訳ない！」を伝える前置き言葉

目の前には、困り果てた知人の顔。あなたはその人から、あるお願い事をされています。しかしどう考えても、その人の力になれそうにありません。

△ いやー、そう言われても

では、あなたがまじめに考えた結果かどうかすら、疑われてしまいそうです。ここは、相手の真剣さに応えるべく、

○ 残念ですが……

○ 大変心苦しいのですが……

○ ほんとうに言いづらいのですが……

まずはこういった前置きから始めて、こちらの申し訳なさを伝えましょう。
何か引き受けられない事情があるときには、

○ **あいにく……**

「あいにく持ち合わせ（＝お金）がなくて、お貸しできないのです」「あいにく、縁故採用は一切しないと決められているのです」など。

また、自分の力ではとても無理という場合は、

△ **力になれないのです**

○ **お役に立ちたいのは、山々なのですが……**

○ **かえって、ご迷惑をおかけしてはと……**

という定番のフレーズが活用できます。
またこの後、ある程度の事情説明をして、相手に納得してもらう努力も必要です。

できないことは引き受けない
自分が確実に責任を持って、依頼を受けられることのみ受ける。それが相手に対しても礼儀である。

——と、このように、大人なら相手の心中を察して言葉選びをすべきなのに、それができない人が多いのが問題です。

✕正直、迷惑なんだけど

正直な気持ちは、そうかもしれません。しかし、わざわざ頭を下げている相手の気持ちを考えたとき、果たして口にすべきなのでしょうか。

✕自分でなんとかできないの？

もし、あなたに対する甘えから出た依頼なら、この言葉もありえますが……。できないから、困り果てているからお願いに来ているのだということを前提にするなら、この言葉はあまりに酷。相手は自分のふがいなさを、厳しく問い詰められている気持ちになり、一生の傷ともなりかねません。

断る！

お誘い、贈答、勧誘…角が立たない"No"の表現

お誘いや申し込みを断るという行為は、ほんとうに難しいものです。しかし話をのばして相手に期待させるのも、かえって失礼です。たとえば縁談を断る場合、

△ **お受けできません**

○ **私には過ぎたご縁で……**

自分は相手に足る人物ではないという理由で、お話を断るスタイルです。非常に遠まわしな言い方ですが、定番のフレーズです。

（**縁談の仲介者の立場を考えて**
紹介した人は「よい人」と思って紹介している。絶対に相手の悪口、短所をあげて断らないこと。）

思わぬ贈答品を届けられた、誘いを受けた。そんなに気を遣ってもらうとかえって恐縮だ、正直迷惑だ……そんなときは、

△ けっこうです

○ お気持ちだけいただいておきます

「どうぞ今後はお気遣いいただきませんように」と付け加えておけばベスト。

× 気が進みません

は、要注意。縁談、旅行のお誘いに対し、この回答はいただけません。相手の面《めん》子《つ》や気配りが丸つぶれになり、「自分本位だなあ」「子供じゃないんだから」と思われても当然。

× 迷惑なんです

「ほんとうに迷惑！」。勧誘のセールス電話ならともかく、知人などが相手で、しかも好意で行っていることを一刀両断するのはどうか？　やんわり断ってもダメな

場合のみ、使いたいフレーズです。

さてこちらは、シンプルに断ったほうがよいケース。たとえば興味のないセールスや勧誘には、

△ けっこうです

○ 必要ありません

○ 興味がありません

「けっこうです」という意味には、「大変けっこうです」と満足をあらわす意味＝OKにとられる場合があります。

「けっこうだって褒めていただいたので、申し込みしましたよ」などとつけ込まれないよう、「必要ありません」とキッパリ断りましょう。

何度もしつこい勧誘電話撃退法
「特定商取引法17条で再勧誘は禁止されています。切ります」「消費者センターに再勧誘の相談をします」など。

過ぎたご縁で……
お気持ちだけで……
No, Thank You...
やんわり
目指せ！
NOと言える日本人
きっぱり
迷惑！ 必要ありません！
危
NO!

叱る！

遅刻を叱るときにわかる先輩力

「遅れました！」と、始業時刻を過ぎて職場に飛び込んできた部下。しかも、なんの連絡もなし。あなたは朝からブルーな気分に……。

△ なんで遅刻するの！

○ 就業時刻5分前には机についているようにしましょう

遅刻が厳禁なのは、誰しもわかっていること。あなたは指導者として、社会人のルールを改めて指導する形で叱るとよいでしょう。

○ 事情があって遅刻するときには、○時までに私に連絡してね

寝坊したのか、電車が遅れたのか、原因は関係ないのです。問題は遅刻するとい

う行為を、誰にも連絡せずにしてしまうこと。遅刻するときのルールも、このように念押ししましょう。

寝坊による遅刻など、〝凡ミス〟は、その都度注意する

「今回は見逃された」と思われると、本人だけではなく、事の成り行きを見ているほかの後輩・部下に対してもマイナスに。

絶対に避けたいのは、

✕社会人失格だね

といった、一刀両断の表現。言いたい気持ちもわかるが、これは最後通告です。社会人失格＝個人への攻撃は、叱るときのタブーのひとつ。パワーハラスメント（パワハラ・上司による部下いじめ）と、とられかねません。

遅刻という行為が問題なのであって、個人の社会人資格まで言及するのは避けましょう。

叱る＋α

後輩の失敗には
やる気を引き出すフレーズを

「申し訳ございません。ミスをしてしまいました……」。あなたの目の前には、うなだれた後輩。あなたは先輩として上司として、どう彼を叱りますか？

△ どうしてそんなミスを？

○ あなたらしくないミスね。どうしたの？

すでにミスに気づき、深く反省している相手に対し、責めるような口調は厳禁。また、普段の行いや実績を認めてあげることも重要。そして必ず事情を聞いてあげましょう。

叱るときの一番のポイントは、〝二度と失敗をしなくてもすむように、しっかり指導すること〟です。当然、感情をあらわにして怒鳴《どな》る、その人の人格を否定するような発言は、百害あって一利なしと心得ましょう。

人前で叱らない

原則として、人前で叱るのは避けよう。本人は深くプライドを傷つけられ、職場も暗いムードになってしまう。

×○さんはできるじゃない
×もう○年目だから、できて当然なんだけど

ライバルを引き合いに出し、奮起させる古典的な方法には弊害あり、です。人と比較され、しかもその相手は何歩もぬきん出ている場合、奮起の前に落ち込むこと必至。

また、入社年数を基準にするのも逆効果です。落ち込む＝平常心ではない＝またミスを誘発……こんなマイナスのサイクルに入ってしまいます。

「ミスを憎んで、人を憎まず」。なぜミスが起こったか、その点を検討する以外、解決法はありません。

部下フォロー

「期待はずれ」では、あなたの評価も下がるだけ

見所のある後輩を、新プロジェクトに抜擢。きっとがんばって成功させてくれるはず……と思いきや、残念ながら結果は思わしくありませんでした。

△信頼して任せたのに、何やっているんだ！

○君の努力は、しっかり見ていたよ

○失敗もいい勉強と思って、次はがんばろう！

○◯はよかったのに、残念だったね

期待を裏切られた感じを持っているあなた。しかし彼に任せたあなたの責任もあります。そして仕事は、今回で終わりではなく、今後も続いていくのです。

そう考えれば、叱るというよりも励まし、「○（企画など）はよかった」といい点を認め、今後は同じミスを起こさぬようなひと言をかけるのが、よい上司・先輩といえます。

一緒に原因を探る
失敗には原因がある。その原因を一緒に探ることで、自らの指導法のミスも見えてくるはず。

×努力がたりなかったんじゃないか？
×期待はずれだよ
×責任を感じろよ

……と、部下を責めるのは簡単です。しかし、その人を担当に当てたのは自分であり、指導すべき立場なのも、その結果に責任を負うべきなのも上司の自分自身。そして、自らの指導力の欠如でもあります。

天にツバ吐く自滅トーク、といえるでしょう。

後輩フォロー

仕事が遅い後輩への後押しトーク

後輩に頼んだ仕事が、待てど暮らせど上がってこない。あなたは痺れを切らしています。

△ いったい、いつまでかかるの？

○ ずいぶん時間がかかっているね。どうしたの？

単に、慣れない作業に手間取っているだけなのか、ほかの仕事が忙しく着手できないのか、理由を聞きましょう。

一番避けたいことは、事情も聞かずに頭ごなしに怒ることです。まじめな後輩であれば、あなたの叱責にひどく傷つき、仕事への意欲をそがれるでしょう。

ただし、明らかにサボっているのであれば、

○仕事の速いあなたらしくもない。どうしたの？

と、相手の能力を評価した上で、チクリと。

ずばり

○他に気になることがあるみたいね？

と切り込むのも手です。

報告を促す
「ここまでできたら、まず見せてね」「じゃあその期限を明日3時にしましょうか」など、報告するタイミングを作ってあげよう。

×こんなに遅いなんてありえない！

と、感情的に怒るのはくれぐれもやめましょう。事情を聞き出し、チーム全体の生産性をあげるのが、あなたの仕事。前に一歩踏み出せない叱り方は、先々を考えても効果はありません。

討論

「よろしいでしょうか？」で切り出しから好印象

仕事は基本的に、チームプレイ。複数の人間が集まり、意見を戦わせながら、最善の道を模索《もさく》していきます。もちろん、意見の違いも出てきます。そんなときは、

△ 意見を言います

○ よろしいでしょうか？

まず、発言の許可を求めましょう。この言葉で、熱くなった場に、新しい風を吹かせる効果もありますね。また、

○ 質問しても、よろしいでしょうか？

と、相手の提案を掘り下げる形で、発言のきっかけを求めてもいいでしょう。

反論

「違うと思います」ではなぜ勝てないか

職場でミーティング中、相手の意見を聞いていたあなた。どうもその方の考え方は、あなたと明らかに異なっています。

△ 私とは違う意見です

○ そういった視点も確かにあると思います。私は……

○ ○に関しては、おっしゃる通りだと思います。ただ……

○ ごもっともな意見だと思います。私の場合は……

このケースのポイントは、〝相手を認めることから始める〟こと。頭ごなしに「違うと思う！」では、相手はむっとして、感情的な障壁を作ってしまい、冷静な議論を行うのが難しくなります。

もう一つのポイントは、表情です。眉間にシワを寄せた強面《こわおもて》は×。感情をあらわにしている＝理性的な議論ができない、と判断されてしまいます。穏やかな表情で話を進めることを心がけましょう。

その後、原則論を展開したいときは、

△ **常識的に考えると**

○ **ご承知のとおり**

から始めるのが定石《じょうせき》です。

△ **○は、違うと思います**

○ **○に関しては、再考の余地があると考えました。いかがでしょうか？**

自分の意見、特に反対意見は、提案の形をとりましょう。断定的に「○と思います！」と言い放ってしまうのは、独演会のスタイルであり、話し合いの姿勢ではありません。

また「私が」「私は」と自分の意見をゴリ押しすると、子供っぽい行為に映ります。「いかがでしょう」と提案し合うのが、皆で話し合う価値なのです。

（人の発言を中断しない
会議のマナーの基本。誰しも、発言途中で話に割って入られるのは気分が悪いもの。）

✕それじゃダメでしょう

……と思っていたとしても、全否定は避けましょう。場を凍らせ、議論を感情的なものにしてしまいます。またダメな意見を、そのままダメで終わらせても仕事に役立つ議論にはなりません。

「こうしたらよいのではないか？」と、具体的な提案をしてこそ、会議の目的が達せられるはずです。

けん制

全面否定の前に言うべき言葉

自分の意見ばかり主張して、話し合いにもならない相手へは、

△ **ちょっと待ってください**

○ **ごもっともだと思いますが……**

最初に相手の意見を容認する言葉から始めましょう。
また、意見をころころ変える困った相手には、

△ **前に言っていたことと違います**

○ **私の聞き違いかもしれませんが……**

と、念押しして、意見を確認するといいですね。

そして、どうしても相手の意見を承認できないときには、

会議メモを見ながら発言
聞き間違えではないですよ、というアピールにもなる。

△ それは間違った意見です

○ ○といった意見も多いと聞いていますが、それについてはいかがお考えですか？

相手は、自分の意見を〝正〟として発言しています。しかしあなたは、違うと確信している。あなたの意見を〝多くある意見〟として提案すれば、相手も再考を促されるでしょう。

○ ○と解釈してもよろしいでしょうか？

「○」は、自分が懸念《けねん》している部分をかいつまんだ形、たとえば「市場動向はこの際考えなくてもいい」など、まとめなおして確認するといいでしょう。

このまとめの一言によって、会議参加者全員に、「ほんとうにそれでいいのですか？」と異議申し立てをすることになります。

（**事前の準備も重要**
会議のテーマに必要な資料をまとめておくと、反論するとき、自らの意見の裏づけとなる。）

×結局、何が言いたいのですか？

と、ケンカ腰にならないこと。それを聞き出し、議論を発展させることがあなたの役割。「何が言いたいのかわからないダメなヤツ」と皆の前で相手を責めても、「人を責めるばかりで、自分の意見もないヤツ」となり、あなたの評価も下がります。

×勘違いなさっていらっしゃるようですね

また、このように、皮肉を言っても始まりません。「私は○と考えているのですが、いかがお考えでしょうか？」等、自分の意見を投げかけることで、話し合いを前へ。

× 相手をやり込める

○ 話し合いを先に進める

苦情

怒りにまかせて…では大人失格

「何この人、失礼ね！」「なんて非常識なの！」と言いたくなる事件に、誰しも遭遇《そうぐう》します。ビジネスシーンなら、クレーム内容のみ淡々と伝える場合もあるでしょうが、プライベートでは、どう対応しますか？

まずは第一声。怒りを露《あらわ》にして責めるのは子供流。大人なら、

○ **申し上げにくいのですが……**

△ **気づいていらっしゃらないようですが……**

○ **実は困っていることがございまして……**

と、クッションになる前置きを入れると、穏やかに話し始められそうです。ただし、

×前から言いたかったのですが

は、避けたい表現。

「ずっと不満だったのに、毎日のあいさつはにっこりしてたよなあ」と、腹の中では何を考えているのかわからない人だと、マイナスにとられる危険性大。

△○してください

○○していただけませんでしょうか？

というお願いの形にしましょう。このとき、「お忙しいのに、ほんとうに申し訳ないですね」など、相手の立場や事情を思いやる言葉を入れると、よりスムースです。不用意に、

×ほかの方はちゃんと○していますから

などと言わないように注意しましょう。ただでさえクレームを言われて、気分がよくないところ。

そんなとき、感情的になるきっかけを作る言葉は、ケンカのきっかけになりかねません。

どうして困るのかの説明も

「収集日以外のごみ出しは、カラスがいたずらをしてしまうので」など。

最後の〝しめ〟も大切です。相手が「わかりました。◯します」と受けてくれたなら、

○ありがとうございます

○ほんとうに助かりました

など、お礼の言葉で締めくくりましょう。

「今度から気をつけてくださいね」と言いたいところですが、ぐっと我慢。あなたはスッキリしても、相手は「謝ったのに！」と気を悪くしますよ。

クレーム

「お話になりません」「いい加減にしてください」より上いくトーク

ビジネスシーンで苦情申し立てをするとき。もちろん感情的にまくしたてるのは、ビジネスマナーに反します。

お決まりの言葉を使ってシンプルに、そしてクールに窮状《きゅうじょう》を訴えましょう。

△ **お話になりません**

○ **ご再考願えませんでしょうか？**

○ **会社にお持ち帰りいただいて、再度検討していただけませんでしょうか？**

提案内容が稚拙《ちせつ》。要望を満たしていない。金額的に見合わない。そういう話ではなかったはずでは？　などなど。

じくじくとその場で話し合ってもムダというとき、活用してください。

全面的否定は避けよう
「ダメですね」「ぜんぜんなってません」など、全面的な否定は、相手のプライドを傷つけ、関係性を悪くするだけ。

また非常に感情的で、冷静な話し合いにならないときには、

△ **いい加減にしてください**

○ **話を本筋に戻しましょう**

いったん、その流れを中断し、ほんとうに話し合わなくてはならないことに話を誘導しましょう。

しかし譲れない部分に関しては、

△ **あまりにそちら本位でしょう！**

○あまりに一方的なお話ではないでしょうか

○当社としてはお受けしかねるのです

と、ずばり切り込むことも必要です。

個人攻撃厳禁！　人格を責めない

「できない人ですね」「前の担当のほうがましだった」と言われて、今後あなたの会社のためにがんばってくれる人にはならない。

×白紙に戻させていただきます

……と言うのは簡単ですが、冷静に考えてみましょう。取引先との関係をおじゃんにする権限は、あなたにありますか？　ないのなら、「会社に持ち帰って、上司と相談します」が正解。

ジャンル	呼称	大人のフレーズ変換	ポイント
あなた	あなた	あなた様	目上の人に対し、名前を直接呼ばない場合。
	あなたの意見	ご意見	「ご」＝「御」。音読みの漢語に付ける。そのほか「ご高説」など。
	あなたの勤め先	貴～	「～」には「社（会社）」「行（銀行）」「店（店舗）」「校（学校）」「館（図書館）」「団体（団体）」「庁（官公庁）」などが入る。
	あなたの会社	御社	そのほか「そちら様」など。
	あなたの手紙	ご書面	そのほか「ご書状」「お手紙」「貴書」「貴信」など。
自分	俺・あたし	私（わたくし）	私（わたし）でもOK。
	私の意見	私見	そのほか「私考」「浅慮」など。
	私からの贈り物	こころばかりの品	そのほか「お好きだとうかがった○」など。
	私の勤め先	当～	「～」には「社（会社）」「行（銀行）」「店（店舗）」「課（課名）」などが入る。
	自分の会社	小社	そのほか「私（わたくし）ども」「弊社」など。
	私の手紙	書面	そのほか「書状」「手紙」「拙文」「寸書」など。
方向	どっち	どちら	「どなた？」の意味も。例・どちら様ですか？
	そっち	そちら	「話している相手のそばにいる人」「あなたの会社」の意味も。例・そちら様。
	こっち	こちら	「私のそばにいるこの人」「自分」を指す言葉としても。例・こちら様。こちらの意見。
	あっち	あちら	「あっちの人」の軽い尊称としても使用できる。例・あちら様。

量	多い	多大	数量や程度が大きいときに。例・多大な迷惑、多大な効果。
	ちょっと	少々	例・少々お待ちください。
	少ない	些少	贈物をするときなどに。例・些少ながら、お納めください。
年	一昨年	一昨年（いっさくねん）	例・一昨年、入社いたしました。
	去年	昨年	例・昨年より懸案の……。
	今年	本年	例・本年もどうぞよろしくお願い申し上げます。
日	その日	当日	例・当日は○とともに伺わせていただきます。
	この間	先日	例・先日はごちそうさまでした。
	明日以降	後日	例・後日、データをお送りいたします。
	明日の朝	明朝	例・明朝、お会いできるのを楽しみにしております。
	明後日	明後日（みょうごにち）	×明後日（あさって）。
	明日	明日（みょうにち）	×明日（あす）。
	一昨日	一昨日（いっさくじつ）	×一昨日（おととい）。
	昨日	昨日（さくじつ）	×昨日（きのう）。
	今日	本日	×今日（きょう）。

ジャンル	呼称	大人のフレーズ変換	ポイント
タイミング	すぐ	さっそく	例・さっそくですが、本題に入らせていただきます。
	もうすぐ	まもなく	例・まもなくお車が参ります。
	後で	後（のち）ほど	例・後ほど折り返し電話させます。
	さっき	さきほど	例・さきほどもご説明いたしましたように。
	前に	以前	例・以前お目にかかったことがあります。
	今度	このたび	例・このたび、担当させていただくことになりました。
	今	ただ今	例・ただ今より会議を始めます。
各種表現	～ぐらい	～ほど	例・2万円ほど、かかります。
	よい	けっこう	例・大変けっこうです。
	多忙	多用	「多忙」は「心を亡くす」と書くことから、ビジネスでは避ける。
	どう	いかが	例・いかがお考えですか？
	すごい	大変	そのほか「非常に」も。例・大変お世話になりました。
	ほんとうに	誠に	例・誠に申し訳ないことです。

第3章

シチュエーション別の会話術

冠婚葬祭・食事・電話…
恥をかかない大人の話し方

〃場違いトーク〃にご用心！

シチュエーション別の基本フレーズをマスター

大人とは〃親しき仲にも礼儀あり〃を知っている人のことです。

その場その場のシチュエーションに即した、必ず口にすべきフレーズを忘れないようにしましょう。

セレモニーの場では態度も重要

結婚式に招かれた、お葬式に伺った…そんなセレモニーに参加するとき、特に人はあなたの大人度に敏感になります。ひとつには、先に述べた定番フ

ここではこう言う定番言葉を忘れない

お友だちのお見舞いに伺ったあなた。「こんにちは」と入室してから「それじゃ、またね」と辞するまで、ひと言も「お加減いかが？」と言わなかったらどうでしょう？

また会食のお誘いを受けて、美味しいフレンチをごちそうになりました。お店から出て「ごちそうさまでした」のひと言がなかったら？

レーズをきちんと言えるかどうか。もうひとつは、あなたの態度です。「本日は〜、おめでとーございまーす！」なんて語尾をのばした若者言葉で新婦のご両親に挨拶するのでは、ご両親は招いたことを後悔しそうですね。

また、定番言葉はなんなくクリアできても、知人が集まるセレモニーの場での〝場違いな態度〟に要注意。

お葬式なのに、「あれー、久しぶり。今何してるの？」なんておしゃべりの花を咲かせては、場違いを超えて無礼です。参列者や遺族の方々は、眉をしかめてきびしい視線を向けることでしょう。

お友達同士のおしゃべりの楽しさを満喫する前に、招かれた、伺った意味を最後まで忘れないようにしましょう。

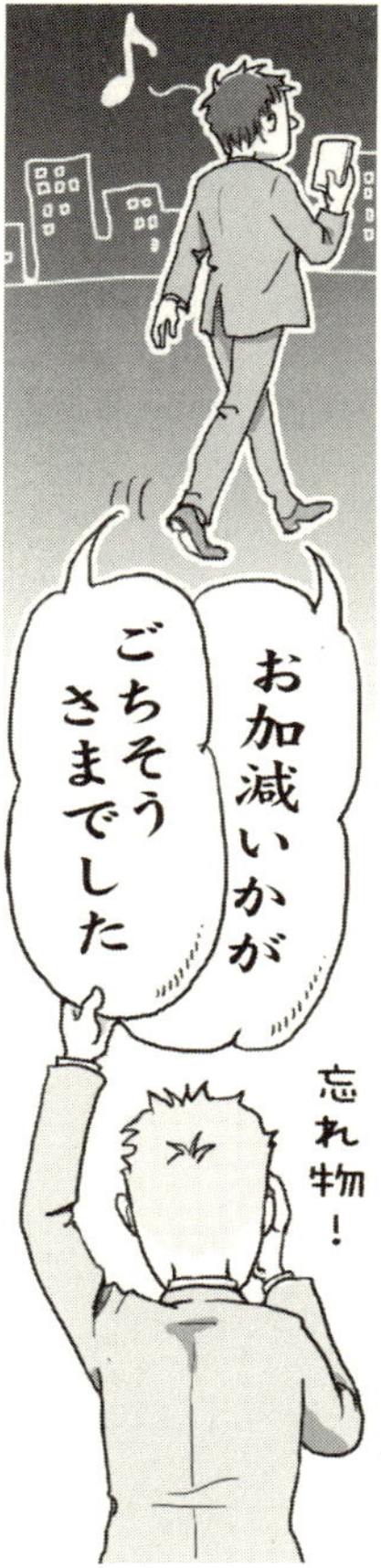

初対面

名前を印象づけるには「はじめまして」に続けて…

初めてお会いする方に、自己紹介する。最初の一声は「はじめまして」ですね。その次は？

△ 私、○と申します

○ 私、○と申します。○の字は、△と書きます

はっきりした声で元気よく

小さな声でぼそぼそ…。とても楽しくお付き合いできないなあというのが、第一印象になりそう。

自己紹介は、自分の名前を覚えてもらうことが重要です。名刺交換をすれば、名前の漢字も一目瞭然《りょうぜん》ですが、プライベートでは口頭で名乗ることが多いもの。そ

こで、音声だけでは伝わりきらない表記の部分、「ナカイと申します。真ん中の『中』に、井戸の『井』と書きます」と、具体的に伝えるといいでしょう。

また「イトウと申します。伊東温泉のほうの、伊東です」と、イメージしやすい例を挙げるのもいい方法です。

そのほか、名前を名乗ったあと、

○○県出身です

など自分の出身地の紹介も、今後の話題にもつながる、よい例。

今、○○に住んでいます

や、ご近所の方なら、「○○マンションに住んでいます」と言うのも、より親しみが増すでしょう。そのほか、

○趣味は○○です

○作家の○○のファンです

と、自分の趣味嗜好でアピールする方法もありますね。

素性調査にならないように
「私は○、あなたは?」そこまではいいとして、家族構成、仕事、詳しい住所など、相手が言わない限り、むやみに聞かない。

そして自己紹介のあとは、

○ どうぞよろしくお願いいたします

を、お忘れなく。最後は、自己紹介で気をつけたい例を。

×△大学出身の○です

聞かれて言うのもいいのですが……。自分から言うと、相手も自分の出身校を言わざるを得ないというプレッシャーもかけてしまいます。

×父は△をしています

家族が、いかに名誉ある立場・役職でも、あなた自身の紹介にはなりません。

会話の糸口

話が途切れない話題の選び方

パーティーで楽しいおしゃべり。取引先で、ちょっとした雑談……。大人としてにこやかに会話を進めるとき、話題の選び方に気をつけましょう。

△ **ご結婚なさっていますか?**

などといったプライベートに深くかかわる話題、特に家族に関する話題は、人によっては身上調査をされているような不快感を持ってしまいます。避けたほうが無難です。しかし自分から

○ **夫の出身が岡山で、今年も帰省する予定です。岡山には、いらっしゃったことはありますか?**

など、自分の家族に絡めて、話を広げていくのはいいですね。

あいづちも会話を進めるトークに

相手の目を見つめ、にっこりとあいづちを打つ。このことだけでも、相手を饒舌《じょうぜつ》にさせる効果あり。

しかし、

△

私の実家はマンション経営をしておりまして

などと、自慢に聞こえる話題は取り上げないほうがいいでしょう。

そのほか、さしさわりのない会話としては、

○

昨年、○に旅行に行きまして、すばらしい風景に、すっかり魅せられてしまいました

旅先での思い出を紹介しつつ、旅行やレジャーの話に展開。ですが、

△

海外旅行は、どこに行かれますか？

「行って当たり前」といった先入観を前面に出すのは、いただけません。「いえ、

私は飛行機が苦手でして……実は一度も……」と、相手にとっては言いたくないマイナスの方向を引き出してしまうかもしれません。

無理な押し付けは厳禁
いくら好意からとはいえ、「○はお勧めですよ」程度に。「絶対○を買うべきですよ」になると、押し売りに間違えられる。

✕ え？　海外旅行が嫌い？　信じられません！

こういう発言は大きなお世話であり、大変無礼な言い方。もうこの人と話すのはやめよう、と思われることは当然。人にはさまざまな嗜好《しこう》があり、事情もあります。そこを慮《おもんぱか》ることができるのが、大人。それを忘れず、会話を進めましょう。

△ ○党は、次の選挙で政権を取りますよ

△ あなたも結婚したら、人生が豊かになるのに残念ですね

△ 女性は○が苦手だから、○するのはやめておいたほうがいいのでは？

これら「〜で当たり前」と言い切った表現は、「偏った感覚を持った人」「言い出したら聞かない付き合いづらい人」という印象を植え付けるだけではなく、その話題が不快なものだった場合、人間関係にヒビを入れかねません。

ちょっとした会話、雑談は、さしさわりない明るい話題を選びましょう。

✕ 先日の殺人事件、何人殺したんですか？

△ 今日のニュースで見た○の事件、ひどいですね

○ 今日のニュースで見た○の話、思わず頬がゆるみました

「○」は、かわいい動物のニュース、お祭りの話題など。「楽しかった」「おもしろかった」「参考になった」などで結べるものを。話題の選び方は、あなたの目線、考え方を相手に伝えるものです。

ポジティブで明るい結論になる話が好印象を与えます。逆に、殺人、事故などネガティブなテーマは、あえてとりざたしないのが紳士淑女というものです。
そして、常識として避けたいのが、

×男らしくない〜女らしくない〜

という話題。「あなたらしくない」は許されても、「男らしくない」「女らしくない」は、自分の思い込み（男らしさ・女らしさ）に基づくもの。断定的な批判は、絶対に避けたい会話法の一つです。

一般的に避けたい話題
悪口、不平不満、不吉な話、暗い話、宗教・思想・政治がらみの話、相手が不得意な話、相手の身体的特徴や結婚の有無など。

会話の糸口集

ふっと、おしゃべりの輪が途切れたとき。誰かと話を始めるとき。無難な話題をふると、また会話が弾むものです。一般的によいとされているテーマを、注意点とともにまとめました。

引き出し	会話例	注意
天気	いいお天気ですね。 すっかり涼しくなりました。	災害に関することは、暗い話になりがちなので避ける。
グルメ	絶品のマグロを出してくれる寿司屋を見つけたんですよ。	相手の苦手なものがわかっている場合、その料理を出す店の話題は避ける。
ニュース	朝のニュースで見たのですが、そろそろ紅葉が見ごろになったそうですね。	暗い事件、不景気な話は避ける。
流行の事象	今話題の「○」(映画など)は、ご覧になりましたか?	映画、本、ファッションなど、軽い話題がよい。
仕事	いつもご盛況で、 うらやましい限りです。	不景気な話は避ける。
住まい	私は○に住んでいるんですが、どちらにお住まいなんですか?	「え? 世田谷のどのあたりなんですか?」など、根掘り葉掘り聞かないほうが無難。
出身地	私は○出身ですが、 どちらのご出身ですか?	この話題から、出身地の特産物や特徴など話を広げていくとよい。
旅行	今年の夏休みは、 ○に行ってきました。	旅行先での感想を話しつつ、「ご旅行はお好きですか?」と会話をつなげる。
スポーツ	中学・高校と、バスケットボール部に入っていたんですよ。	「○大会優勝」など、自慢話は×。またお気に入りのチームの話は、相手が応援するチームと異なるかもしれないので要注意。
健康	最近、一駅くらいは歩くようにしているんですよ。	病歴や健康不安の話はしない。
家族	実家の母が最近、社交ダンスを始めましてね。	結婚や子供の有無は、自分のことを話すのはいいが、相手にあえて聞かないほうがよい。

地雷テーマでは慎重に
政治・宗教
容姿・プライベート
悪口・不満
華麗なトークで
今日もパーティを
乗り切ったぜ

会話を中断

「そろそろいいですか？」をやんわり伝えるテクニック

話好きな人は、世の中にたくさんいます。それ自体はいいのですが、もう時間がない、ほかの方とも話したい、もうこの辺で切り上げたい……そんなとき、どうやって話を止めればいいでしょう？

△ あの…

○ もっとお話をうかがいたいのに、ほんとうに残念です。またの機会にぜひ続きを……

○ 残念！　ほかの予定があって、もう時間がないのです。またぜひ続きを聞かせてくださいね

あからさまに態度に表さない

「あーあ、早く終わらないかしら!」などといった態度を露骨《ろこつ》に表すと、その人の次の話題に取り上げられるだろう。

話す＝何かメッセージを受け取ってほしい……という行為ですから、話を中断することは、本来はとても失礼なこと。ですから、「せっかく話が続いているのにごめんなさいね」のスタンスを表明することが重要です。

また、「うちの主人は○で、子供は○で……」と、同じテーマのおしゃべりが長々と続いてしまうとき。話題を変えるひと言を挟みましょう。

△ **その話はそろそろ……**

○ **○さんはよいご家族をお持ちでうらやましいです。ところで……**

お説教じみた話であったなら、

家族自慢には対抗しない

「優秀なお子様ですばらしいですね」と言うより「うちの子も算数が得意で…」と言ったほうが話が長引く。

○そうだったんですか、○は△ということだったのですね。勉強になりました。ところで……

相手のこれまでおしゃべりや、その内容を認める言葉で締めくくり、新しい話題を提供しましょう。

また人の悪口や批判をずらずらと並べる会話は、早めに切り上げさせたいものですね。

相手がお茶を飲むなど、一呼吸をおいた瞬間を見逃さず、カットインを。

○そうそう、○のこと、ぜひ△さんにご意見を伺いたいと思っていたのです

相手に同調するのも、否定するのも難しい場合は、新しい話題に切り替えることです。

また、

「なんで結婚しないの？ 結婚すればいいのに。なんなら相手をご紹介しましょうか？」

「お子さんはまだなの？ 子供はいいわよ。ぜひ作りなさいよ」

など、おせっかいで無礼な弾丸トークには、

○お気遣いありがとうございます。話せば長い事情がありますので、そこには触れないでください

と、にっこり。ユーモアを交えながら、しっかりレッドカードを出しましょう。

お説教に反論すると長引く？

お説教的な話は、「拝聴」する姿勢で。「そう言われても」という態度・表情が見えると、さらにお説教は続く。

最後に、「これだけはダメ」フレーズをご紹介。

✕そろそろいいですか？

言いたい気持ちはわかるものの、言ってはおしまいフレーズ。「早く終われよと思いながら聞いていたのか！」と、相手はショックを受けかねない。その人との関係を大事にしたいなら、避けたいひと言。

✕興味がないんです

人の家族の話題、説教くさい長話。興味がないと切り捨てるのはカンタン。しかし、このひと言は「あなたと付き合う意志はない」といっているのも同然。その重い意味を知ってから口にしよう。

✕私の勝手じゃないですか

確かにそのとおり、結婚するもしないも……と同調したいのは山々ながら、「こんなことというなんて子供ね。だから結婚できないのよ」となる。「ご縁があればそのうち……と、ゆったり構えています」など、軽く流すのが大人流。

電話を受ける

「もしもし」ではちょっと子供っぽい

職場の電話が鳴りました。あなたは急いで受話器をとりました。このとき、「もしもし?」から始めるのは社会人失格。

△ はい、△です

○ はい、△社でございます

○ はい、△社○(名前)でございます

と、会社のルールに従って電話に出ましょう。相手が名乗った後、取引先の方には、「いつもお世話になっております」を忘れずに。

しかしプライベートでは電話の出方には、さまざまな意見があります。

声美人になろう
電話では、表情や顔色は伝わらない。つとめて明るく、元気よく出たいもの。

△もしもし？

○はい、○（名前）でございます

このように名乗ることが、これまでのマナーとされてきました。もちろん名乗るのはマナー的にはよいのですが、女性の一人暮らしなどでは、相手が名乗るまでは「はい」とだけ言うほうが安心という考えもあります。相手のナンバーディスプレイで確認できる場合には、その相手で判断するのもいいでしょう。なお、

×はい、どちら様？

は、一見、ていねいなように見えますが、「早く名乗れ！」と言わんばかりの物言いに聞こえるので、要注意。

そして、職場・プライベートに関わらず、なかなか電話に出られなかったときは、

△ はい、○です

○ お待たせいたしました。○でございます

と、電話に出るのに時間がかかったお詫びから始めます。

ほかの人宛ての電話だった場合は、

○ はい、かしこまりました。少々お待ちください

と、受けて受話器を手でふさぐか、保留中にセットしてから、指名された相手を呼び出します。

語尾をのばさない

「はーい、少々お待ちくださーい」。親しい間ならまだしも、会社では、「ロクな社員を使っていないな」と思われる。

電話の取次

「いない」を伝えるだけでは今一歩

電話してきた相手が指名した相手は、ただ今外出中。

△今、いないんです

○申し訳ございません。ただ今、外出しておりまして……

と、お詫びと事情説明をします。

×どこにいるか、わからないんです

は、禁句です。確かにそうかもしれませんが、それでは「この会社、どうなっているんだ？」と思われるかもしれません。

職場で、今席にいないだけなら、

申し訳ございません。ただいま席をはずしておりまして

そして必ずその後、

こちらからかけ直させていただきます

勧誘などではない限り、職場でもプライベートでも、相手が電話をかけてくれた礼にかなう対応を行いたいものです。かけてもよい時間を聞くと、さらに○。

申し訳ない気持ちで
「せっかくお電話いただいたのに、申し訳ない」そんな気持ちが、感じのよい受け答えになる。

また、休暇や病欠の場合は、

本日は休ませていただいております

と受けるといいでしょう。

電話の伝言

「わかりました」「伝えます」だけでは相手は不安

電話を取り次ぐべき人は、今いない。電話をしてきた方は、あなたに伝言を依頼しました。

内容を一とおり聞いたあとは、

△ **はい、わかりました**

○ **はい、念のため、伝言を確認させていただきます**

きちんと聞いているつもりでも、伝言は正確に伝わりにくいものです。メモを取っておき、その内容を復唱しましょう。

その際、「1時（イチジ）」と「7時（シチジ）」など、聞き間違えやすい数字に注意して。「1時」→「13時」、「お昼すぎの1時」など、別の表現で念押しすると安心です。

△ 伝えておきます

○ はい、かしこまりました。必ず申し伝えます

会社の場合なら、「○（名前）が承りました」と加えると、より相手の方に安心していただけますね。

メモとペンは電話口に用意
いざというとき慌てないように、必ず電話の近くにはメモとペンを常備。

✕ 了解です

なぜか、軽い印象にとられてしまいます。特に対外的な方に対し、伝言を「了解です」と言うのは、かなりリスキー。よほど親しい関係である相手限定と考えたほうが安心です。

困った電話

必ず役立つ！ 電話のお助けフレーズ集

「○さん、いますか？」名乗らず話し出してしまう相手には、

△ どちら様？

○ 失礼ですが、どちら様でいらっしゃいますか？

相手の声が小さいときは、

△ 声が聞こえないのです

○ 少々お電話が遠いようで……

迷惑さを伝えない工夫

電話は急にかかってくる。いくらタイミングが悪くても、間違いでも、〝お互い様〟の気持ちを忘れずに。

よくあるのが、忙しい時間にかかってくる電話。

△ **今、忙しいんです**

○ **申し訳ございません。ただいま取り込んでおりまして**

「後でこちらからかけ直します」「こちらからかけ直したいのですが、何時ごろがご都合よろしいでしょうか？」と続けるとよいでしょう。

また、間違い電話には、

△ **違います**

○ **お間違えのようです**

相手が「あれ?」となったら、「何番におかけですか?」と番号を確認します。
そして、そろそろ切り上げたいときは、

△ あの…… そろそろ……

○ そろそろ出かける時間ですので

などと、ほんとうであれ嘘も方便であれ、時間に制限があることを伝えましょう。

最初から時間を区切る
長電話とわかっている相手には、「○分くらいしか時間がないのですが」と、
最初に伝えておくのも一法。

しかし、大人として口に出したくないのは、

× 手が離せなくて

これでは、「あなたからの電話に出ている暇はない!」と言っているのと同じ。

忙中であることを伝える一言
○
察して邪魔しない
バタバタと慌ただしい最中なのでお察しください
×
あなたの相手をしている暇はないんですよ
立て込んでおりまして……
取り込んでおりまして……
手が離せないので……

電話をかける

必修！ 礼にかなった電話のフレーズ

電話は、相手にとっては突然かかってくるもの。礼にかなわないやりとりは、「なんて失礼な人！」と、心証をすこぶる損ねます。

△ もしもし？

○ ○と申します

まず最初に、はっきりと名乗りましょう。仕事なら、「△社の○です」「△社の営業の○です」。

番号表示で自分とわかるはずでも名乗る？

友人や家族ならまだしも、仕事相手ならきちんと名乗りたい。

×○（ニックネーム）です

相手の声で目当ての人だと判断し、気を許してニックネームで名乗ったが、実はお母さんだった……なんてことは起こりがち。はっきり相手だとわかるまでは、よそいき言葉で話すほうが、恥をかかずにすみますね。

電話の相手は、会社の方なら「△社です」と名乗られるでしょうが、個人の場合は名乗られない場合も多いものです。

△ ○さんですか？

○ ○さんのお宅でしょうか？

○ ○さんでいらっしゃいますか？

と、電話先が間違いないかどうか、確認しましょう。

電話に出た相手以外の人と話したいときには、

○ **○さんお願いできますか?**

そして目的の相手が電話口にでたなら、

△ **○の件ですが……**

○ **今、お話してもよろしいでしょうか?**

用件を切り出す前に、必ず相手の都合を聞きます。

今は都合が悪いと言われた

「それは、大変失礼いたしました。またかけ直させていただきます。何時ごろがよろしいですか?」

残念ながら、相手が不在の場合は、

△ **またかけます**

○ それでは、またこちらからお電話いたします

○ 恐れ入りますが、お戻りになられましたら○○にご連絡いただけますよう、お願いできますでしょうか

○ 恐れ入りますが、伝言をお願いできますでしょうか

現在電話で話している相手から、折り返しの電話の提案がないときには、このいずれかを選択します。

そして電話を切るときには、

△ では

○ それでは失礼いたします

○ ごめんください

と、締めのひと言を。

○ありがとうございました

伝言を受けた人を確認
伝言を言った後、「私、△社の○と申します。失礼ですが……」と伝言を受けた人の名前を聞き出しておくと安心。

最後に、つい言ってしまいがちな失礼フレーズをご紹介。

×伝言してください

取引先の会社にかけたときの無礼トーク。電話口に出た相手は、自分より年若い新人社員とわかっていても、命令口調はダメ。
会社対会社の立場で電話している以上、「～していただけますでしょうか？」とお願いの形をとること。

会食

「なんでもいいです」では、マイナス70点

取引先や上司、恩師、年配者など、ちょっと気の張る方との食事。あなたはメニューを差し出され、「何にする？」と聞かれました。

△ なんでもいいです

○ これをお願いいたします

遠慮したつもりで「なんでもいいです」と言ってしまいがちですが、なんだか消極的で、楽しくなさそうな印象です。「このランチ、おいしそうですね」など、積極的に食事とその場の雰囲気を楽しむ態度が好ましく映ります。

そして、楽しいお食事タイムもお開きに。相手の方は、あなたの分をごちそうしてくださるそうです。

お酒を勧められたら

飲める体調・体質・状況なら、節度をわきまえて楽しむ。飲めない・飲みたくないときは「あいにく不調法《ぶちょうほう》で」が基本フレーズ。

△ **ごちそうさまでした**

○ **よろしいのでしょうか？　それではお言葉に甘えてごちそうになります。ありがとうございます**

そして会計のあと、

○ **すっかりごちそうになってしまって……ありがとうございました**

「ごちそうさまでした」だけではなく、恐縮している気持ちやありがたいという気持ちを、もう一度しっかり一礼して述べましょう。

また、お礼の意味でお食事に誘った。ごちそうにはなれない……という場合。

✕ おごらせてください

△ 今日は私が出します

○ 今日は、ぜひ私に持たせてください

「先日のご紹介のお礼です」「いつもごちそうになりっぱなしですから」など、その理由をやんわりお伝えするといいですね。

このとき、お店の方にも「会計は私がいたします」と事前に伝えておくと、スマートに会計ができます。

なお、「×」の例は、おごる＝肩代りしてやる、そんなニュアンスのある言葉なので問題アリ。目下のものが口にすると、少々不自然です。

お礼状を出す

恩師、年配の方などにごちそうになったときは、お礼状を出そう。「先日はごちそうになり、ありがとうございました」の手書きのひと言がうれしいもの。

お見舞い

病気、災害…思いやりの心を言葉にのせて

「○さん、入院なさったんだって！」「え！」。大人の生活においては、こんな会話を一度ならず経験することになります。あなたはさっそく、病院にお見舞いに伺いました。ノックのあと、入室、

△ **大丈夫ですか？**

○ **お加減はいかがですか？**

まずは、容態をお聞きしましょう。もちろん、あまり具合がよくないときには、長話厳禁。すぐにお見舞いの品を置いて、失礼します。

△ **これはお見舞いです**

○ **心ばかりの見舞いの品を持参しました**

相手は思ったよりも元気そう。退院のめどもたっているそうです。

△ お元気そうで、よかったです

○ 順調なご回復で、安心いたしました

治療に口を出すべからず

もし同じ病を克服した経験があったとしても、「○の薬が効くのよね」などと、治療に関することに口を挟むのはタブー。

また会社の上司が入院。治ることは治るが、長期療養が確実なとき。あなたは、どう声をかけるべきでしょうか？

△ 会社のことはご心配なく

○ どうぞ一日も早く回復なさってください。皆でお帰りをお待ちしています入院すると、社会生活から隔離されたような気持ちになるものです。「いなくてはならない方だから、早く仕事に復帰してください」という言葉は「自分の復帰を望む人がいる！」と発奮剤となり、治療の後押しをしてくれるでしょう。

ムダ話をしない

（「あなたがいない間に○があってね」など、身動きの取れない相手に無用な心配を与えるムダ話厳禁。）

×すぐに治りますよ

安易な見通しは避けましょう。もしあなたは知らなくても、難治性の病を得ての入院かもしれません。「一日も早いご回復をお祈りしています」が正解。

×ゆっくり休んでください

これも、実は禁句。上司はこの言葉を受け止めて、「もうあてにされてもいない」そんなさびしい気持ちになるかも。「いい機会だから、骨休めするよ」など、本人が口にするのならまだしも、諸刃の剣となる言葉なので、要注意。

失礼のないお見舞い品選び

一般的なお見舞いには、大きく分けて、病気見舞いと災害見舞いがあります。病気見舞いの場合、入院中にお見舞いを届けることが多いので、入院生活に役立つもの、連絡用のテレフォンカードや、ゆったり療養できるように好みの雑誌や本、CDなどが無難です。お花を贈るときには、「根付く（＝寝付く）」鉢花、縁起の悪い数字の4、9本の花束、香りの強い花は避けましょう。

災害見舞いは、火災、震災、水害と、災害に遭われた方の状況はさまざま。台所が使えないときには、すぐに食べられるお弁当を持参するなど、相手が必要としているものを選んで。

贈り物

「つまらないもの…」より上質の言い回し

大人のあなたが贈り物を相手に渡すとき。

△ つまらないものですが……

○ お気に召すとよろしいのですが……

○ 心ばかりの品をお持ちしました

定番とされてきた「つまらないものですが」は、「つまらないものを差し上げるのはどうか?」という解釈もあり、現在、あまり勧められていません。

「おいしいと評判の店で選んできたのですが」「お好きと伺いましたので」など、心をこめて選んだものであることを表現するほうがよいと言われています。

食べ物、飲み物なら、

△ おいしいとよいのですが

○ お口に合うとよいのですが

贈り物は正面を相手に向けて
表書き、リボンなど、相手から見て正面になるようにしてお渡しする。

そのほか、

△ お口汚しにどうぞ

というクラシックな表現があります。「私が選んだものなど、口を汚す程度でございます」という、いかにも日本人らしい謙虚な言い方です。

しかし、この言葉も「もっと積極的においしく食べていただくほうがよい」という考え方に変わりつつあります。

同じくへりくだった言い方でも、

○ささやかなごあいさつの印ばかりでございます

と今も通じる〝大人の基本フレーズ〟がさらりと言えれば、あなたの大人度は高得点を得るでしょう。逆に、

×安物ですから、どうぞお気遣いなく

は、聞き苦しい表現。そんなに高価なものではないので、恐縮しないでほしい……と伝えたい気持ちはわかります。だが安物を贈られて、うれしいとは思えません。目的を逸脱した、本末転倒トークといえます。かといって、

×きっとお気に召すと思います

では、少々、押し付けがましいかも。また、ほんとうにそうとは限りませんね。「お好みに合うとよろしいのですが」という程度にとどめておきましょう。

おすそ分け＝お福分け
こんな言葉を知っている、使えるだけで、大人の通信簿はワンランクUP。

安物ですから（僕にとっては）
ハッハッハ　ほんの20カラット
つまらないものじゃが
シュールストレミングス
SURSTRÖMMINGS
贈り物も贈る言葉も加減が難しい
気に入るはずよ
超有名スイーツ（賞味期限切れ）
え……と。いろいろ怖いです……

頂き物

「ありがとう」＋αで大人度アップ

「どうぞお納めください」と、あなたに渡された贈り物。

△ ありがとうございます

○ ありがたくちょうだいいたします

同じ感謝の気持ちでも、その場にあったフレーズをさりげなく口にできるだけで、ずいぶん印象がかわるものです。

品物は必ず両手で受け取り、一礼して態度でも感謝を表しましょう。

△ ほんとうにすみません

○ お心遣いいただきまして、恐縮です

「すみません」という言葉が出てきがちですが、お詫びのニュアンスがあるので、今ひとつ。申し訳なさを示すなら「恐縮」を用いたほうがいいでしょう。そして、たびたび頂いている場合は、「いつもお気遣いいただき…」と言えると◎。

このとき贈り物の中身がわかっているときは、食べ物↓「家族全員で、さっそくいただきます」、日用品↓「ほんとうに助かります」など、ひと言添えられると、さらに◯。

気をつけたいのは、

✕けっこうなお品をいただきまして

というフレーズ。贈り物の中身が商品券、現金などだった場合、せっかくのひと言も下品なひと言になってしまいます。

立場上、規則上受け取れないとき

「お気持ちだけ、ありがたくちょうだいいたします」のひと言で、しっかりシャットアウト。

結婚式

お祝い言葉はさらりと品よく決める

今日は、あなたの友人の結婚式。披露宴会場に入ったあなたは、友人の両親とすれ違います。

△ 今日はおめでとうございます

○ 本日はまことにおめでとうございます

「今日」という言い方は、大人のフレーズ「本日」に置き換えます。
次は受付。一礼してご祝儀をお渡しします。

△ ご祝儀でございます

○本日はおめでとうございます。こちらはお祝いの印です

「ご祝儀」は、とてもストレートな表現。「お祝いの印」という言葉がさらりと出ると大人度も上がりますね。

ここで注意したいのは、普段は許されてもオフィシャルな「結婚式」にふさわしくない言い方。

×結婚できてよかったですね

結婚前に紆余曲折があったけれど、結婚できてよかった……という場合でも、結婚式の場では言うべきではありません。結婚式は公的な場。ほかの人の耳もある。まるで「絶対結婚できないと思っていた」と聞こえる言い方は避けましょう。

噂話は絶対にしないこと!
新郎新婦の以前の恋人、職場での評価……新郎新婦の親族の耳に届いたら不快なもの。自重しよう。

結婚式の祝辞

親しき仲の〝礼儀ボーダーライン〟

友人代表として、スピーチを頼まれているあなた。

△ご新郎様、ご新婦様、おめでとうございます

○○（新郎の名）さん、○（新婦の名）さん、ご結婚おめでとうございます

会場係の方ならいざ知らず、友人のあなたが他人行儀にふるまうことはありません。親しみをこめて、名前で呼びかけてＯＫ。

×重ね重ねおめでとう！

×長い独身時代も終わりましたね

○ほんとうにおめでとうございます！

「重ね重ね」など、同じ表現を重ねることを「重ね言葉」といいます。再婚を連想するので、結婚式ではタブー。また、「終わり」も、離婚につながるフレーズですから避けましょう。詳しくは128ページでチェックを！

当然ですが、

✕まさかあなたに先を越されるとは

は、祝辞にはなりません。友人同士の二次会での軽口ならまだしも、新郎新婦の親族がそろった場ではふさわしくないのはいうまでもありませんね。

「私もあなたの幸せにあやかって、早くいい人とめぐり合いたいものです」と言い換えましょう。

飲みすぎはしゃぎすぎ注意

披露宴は、無礼講の宴会会場ではない。新郎新婦の親族も集まっているオフィシャルな場。礼節をわきまえた態度で。

忌《い》み言葉一覧

シーン	忌み言葉	なぜ?
結婚	去る・別れる・終わる	離婚を彷彿《ほうふつ》とするため。
結婚	切れる・破れる・薄い・浅い	「縁」「結びつき」にとってよくない言葉。
結婚	帰る・返す・戻る・出る	「実家に戻ってくる・婚家を出る」ことを連想するため。
結婚	飽きる・滅びる・苦しい・壊れる・褪せる・冷える・嫌う・とんでもない	夫婦の不仲を連想するため。
結婚	再び・また・重ねて・再三再四・幾重・皆々様	重なりを示す表現から「再婚」を連想するため。
葬儀	追う・追って	「後追い」を連想して不吉。
葬儀	再び・また・重ねて・再三再四・幾重	悲しみが繰り返されることを避けるため。
葬儀	死亡・生存・生きているころ	生と死に関する直接的な表現は避ける。「死亡」=「ご逝去」、「生存」=「ご生前」=「お元気なころ」。
出産	流れる・落ちる	流産を連想するため。
出産	滅びる・消える・逝く・死	死産を連想するため。
出産	苦しむ	出産の苦しみ・難産を連想するため。
お見舞い	衰える・枯れる・朽ちる	衰えを感じさせるため。
お見舞い	倒れる・まいる・病む・滅びる・死・病	病気や死を連想するため。
新築・開店	火・灰・煙・赤・緋色・焼ける・燃える	火事を連想するため。
新築・開店	壊れる・倒れる・崩れる・つぶれる・傾く・失う・閉じる・閉める・やめる・たたむ・廃《すた》れる	倒産や一家の不幸を連想するため。

シーン	忌み言葉	なぜ?
祝宴	終わる・たたむ・しまう	終わりを連想するため。
受験	落ちる・滑る・散る	不合格を連想するため。
災害	また・再び・重ねる・追って・つづいて・なお	また災害に遭うことを連想するため。

■重ね言葉〜結婚・お悔やみ・お見舞いのときは、ご用心!

重ね言葉	返す返す・しばしば・ますます・いよいよ・たびたび・ときどき・くれぐれも……など	度重なることを暗示するために避ける。

■忌み数字〜不吉な数字は読み方を変える

四	よ	「し」=「死」を避ける。
九	ここのつ	「く」=「苦」を避ける。

葬儀

「ご愁傷様」のみでは品位失墜！

避けて通られない大事な方の死。かけつけた葬儀の席で、

△ **ご愁傷様《しゅうしょうさま》**

○ **このたびはご愁傷様でございます**

○ **突然のことで、なんと申し上げてよいか……**

「ご愁傷様」だけで終わってしまうと、「お疲れ様」「お世話様」同様、とてもフランクな感じ。しめやかな葬儀の場では、「ございます」ときちんとつけてごあいさつを。

しかし、悲しみのあまり言葉が出ないというときは、無理せずに「なんと申し上げてよいか……」と語尾を濁してもよいのです。

また、ご遺族に対して適切なはげましの言葉が見つからないときは、だまって深く一礼する。親しいなら手を握る。そんな気持ちの表し方もあります。

×事故と聞きましたが、原因は？
×どうしてこんなに急に？

……と言いたい気持ちはわかりますが、実は子供っぽい発言です。死因を聞き出すようなトークは、遺族の悲しみを深めるばかりです。

遺族の口から「急な事故で……」「容態が急変して」などと説明がない限りは、こちらから聞き出さないのが大人の気配りというものです。

そして同じ気配りとして、葬儀の場でコソコソと「末期のガンだったみたいよ」といった品のないトークは避けましょう。

香典の表書きは「ご霊前」が安心

キリスト教式なら「お花代」など、宗派によって表書きは変わる。「ご霊前」は、オールマイティーな表現なので間違いない。

逝去の報告

「死にました」では幼稚すぎる

近しい身内を亡くしたとき。そのことを相手に伝えるときの言葉は？

✕おばあちゃんが死にまして

○先日、祖母を亡くしまして

ダイレクトに「死にました」ではなく、「亡くす」と言い換えます。そしておばあちゃん＝祖母。父、母、祖父、祖母、叔父など、オフィシャルな表現に。

またビジネス関係の方に伝えるときには、

○実は身内に不幸がございまして

といった表現にとどめるといいでしょう。

引越し

ご近所づきあいをスムーズにするあいさつ

今日はお引越しの日。まずは引越す前、近隣の方へごあいさつ。

△ 引越します

○ 引越すことになりました。これまでいろいろとありがとうございました

また引越し先でのごあいさつは、

○ 今度、△（隣・上の階など）に引越してまいりました△です。どうぞよろしくお願いいたします

ごあいさつの品を用意しているときには、

○これはお近づきの印です

と言ってお渡しします。このとき、

×あの……これ…

×これ、どうぞ

……ではあまりに子供っぽい。あいさつを受けたほうも「なんだか常識のない人ね」と思いそうです。

また、お渡しするときには、必ず両手をそえて頭を下げて。紙袋から出し、のしがかかっているときは、相手に文字が正面になるように向けるのがマナー。こうしたふるまいが加わってこそ、礼にかなった言葉が生きてくるのです。

家族の事情も含めてごあいさつを

「小さい子供がおりまして、うるさいと思いますが」など、先に気にかかることをお伝えしたい。

第4章

喜怒哀楽…ケースバイケースで足し算・引き算

気持ちを届ける上質な言い方

感情のプラスマイナスで印象が変わる！
大人の気持ちお届け術

目を見る、はっきり話す！

「こんなにしていただいて、ほんとうにありがたかった……」「心外だから、きちんとそのことを伝えよう！」気持ちを伝えるときの感情はさまざまですが、基本として押さえておきたいのは、〝相手の目を見て話す〟こと。伏し目がちにおしゃべりすると、何かを隠しているような、後ろ暗いことでもあるような、印象の悪さを残してしまいます。

同様に、ぼそぼそと消え入るような声で話すと、なんとも自信のない、付き合いにくい人物に思われてしまうでしょう。猫背や下から見上げるような目線も、好印象にはつながりません。

姿勢を正し、しっかりと相手の目を見て、はっきりと言葉を発すること。それが、あなたを話すに足る大人であると認めてもらえる第一歩になるのです。

プラスの感情とマイナスの感情をコントロール

「ありがとうございます」

この気持ちを口にするとき、きちんと頭を下げ、「ほんとうに助かりました」という表情で相手を見るのと、「あ、ありがと……」などとおざなりに言うのとでは、相手は天と地ほどの差を感じます。

感謝や感動の気持ち、つまり相手に対してのプラスの感情は、「この気持ちがたくさん伝わりますように！」と思いながら表現すると、しっかりと伝わるでしょう。

プラス感情はオーバーに
伝われ、心！

逆に相手に対するマイナス感情、怒り、不満などは、冷静な気持ちを忘れずに会話するのが大人の心得。

「ほんとうに失礼だ！」と大きな声で、挑むような視線とともに発すると、その場でバトルモードに突入してしまいます。まずは怒りの感情を少し差し引いて、淡々と「自分は今、不快である」と伝えることから始めたいものですね。

マイナス感情は冷静に
ゴゴゴゴゴゴゴゴゴ

指導に対し

「ありがとうございます」に加えるひと言

〝人生一生勉強〟といいますが、仕事をしていると、この言葉の重みに気づかされます。特に経験の浅い新人時代は、日々勉強につぐ勉強です。

そんな時期、上司や先輩が、ていねいに仕事の基本を教えてくれました。そんなとき、あなたなら、どんなお礼を口にしますか？

△ ありがとうございました

○ ご指導ありがとうございました

さあ、どちらを選びましょう？　「ありがとうございました」で、充分に感謝の気持ちも、誠実なあなたの態度も伝わります。

その言葉にプラスして「ご指導」という言葉を加えると、あなたの気合や大人度が推し量れ、「きちんとした物言いができるやつだな」と評価も上がりそうです。

逆に低評価につながりかねないのが、

✕参考になりました

日本語では正しくても、基本を教えてもらっているときには、「参考レベルかよっ！」と突っ込まれるNGフレーズです。要注意。

お礼言葉も座ったままでは…
目上の方にお礼を言うときは、立ち上がって頭を下げることが重要。座ったまま会話するのは、無礼な態度ととられる。

そして別の日。あなたは前に教えてもらったことなのに、「あれ？」とわからなくなり、再度先輩に教えをこいました。

△何度もすみません

○お手をわずらわせまして……ありがとうございました

何度も申し訳ない……そんな気持ちから、素直に「何度もすみません」と言ってしまいがちですが、「すみません」は、ビジネスの現場では「申し訳ございません」と言うべき言葉です。また、この言葉を受けた先輩は「ほんとだよ、まったく！」と、マイナスな気持ちを誘発されてしまいます。ですから「お手をわずらわせまして」と、大人フレーズを枕詞に感謝の言葉をつなげ、ポジティブな形で結びたいものです。

日本人は何かと「すみません」を口にしがちですが、本来この言葉は過ちを詫びる言葉です。「すみません」を「ありがとうございます」に変換することは、大人の会話のひとつのポイントになりそうですね。また、

×どうも

のみでは、言葉足らず。「どうも」は、「どうもすみません」「どうもありがとうございます」など、なにが「どうも」なのかよくわかりません。特に職場で「どうも」を連発していると、非常に幼い印象。「いい年をして、物の言い方も知らない！」とため息をつかれること必至です。

メモの習慣でスキルアップ！
いくらていねいにお礼が言えても、何度も同じことを聞くのは失礼。毎回メモをとってスキルアップを！

コミュニケーション不全
どーも……
江戸ッ子
すいやせん
同じ質問3回目
ご指導ありがとうございます
何様
参考になりました
ありがとうがちゃんと言える子に育てよう……

教え甲斐のある部下への道

心遣いに…

感謝の気持ちのオフィシャル表現

困っていたとき、適切なアドバイスをもらって、窮地から抜け出せた。優しい気配りで、心癒された……。

△ **ほんとうにありがとうございます**

○ **なんとお礼を申し上げればよいか……**

何かしていただいたときは、

○ **ご尽力いただきまして……**

これらの言葉に続けて、

○ **お礼の申し上げようもございません**

○感謝の言葉もありません

などとまとめるのが、大人の最上級のお礼のフレーズといえます。
しかし、よくある失敗例が、

×今日ばかりはお礼を申します

これでは、せっかくのお礼も「はいはい、今日だけ、なわけですね」と冷笑を誘ってしまいそう。
言葉はていねいですが、実は失礼になりかねません。この言葉は、ライバルなど、ふだんはお礼を言う間柄ではない場合のみ、限定使用です。

お礼とともに報告を添えて

「就職先を斡旋していただき、すばらしい先輩に出会えた」「仲をとりもってもらって、今はよいつきあいをしている」など。

助言に対し

「アドバイスありがとう」のお礼言葉

毎日がハッピーの連続とはいかない、大人の生活。長い間、心ふさぐ悩みを抱えていたあなたは、信頼のおける人生の先輩に相談しました。心のこもったアドバイスをいただき、なんだか気持ちが軽くなったあなた。

△ アドバイスありがとうございました

○ おかげさまで、胸のつかえがとれました

○ おかげさまで、気持ちが晴れました

こんな言葉で謝意を示された相手の方は、「相談にのってよかった！」と思われるでしょう。また、最後には「貴重なお時間をいただき、ありがとうございました」と深く一礼したいものですね。

他にも、

○その手がありましたね。気づきませんでした！

と、具体的な打開策に納得したことを伝えれば、先輩も相談を受けたかいがあったというもの。

しかし、同じかいでも、

×相談したかいがありました

という表現は、ちょっと難あり。かい＝甲斐＝その行為に値するだけの印。「努力したかいがあった」といったふうに、自らの出した結果を評価する表現なのです。

「相談しただけの値打ちがあった」と言われても、相手の方は脱力感に浸るだけ……お礼を言った「かい」がなさそうです。

「でも」「だって」は相談時の禁句

アドバイスされる端から、「だって」「でも」の嵐。こんな調子では、相手の方に失礼。まずはしっかり話を聞く！

讃辞

ヨイショ＋αのできる後輩フレーズ

職場で、いとも鮮やかに困難な仕事をなしとげた先輩。あなたは、尊敬の念とともに、深い感動を覚えました。

ぜひ先輩に、この気持ちを伝えたい……。

△ **すごいですね！**

○ **すばらしいお仕事ぶり、大変勉強になりました**

○ **見習わせていただきます**

ただ「すごい！」「偉い！」「かっこいい！」と喝采するのは、子供でもできることです。

ここは後輩として、「私もいつか、先輩のようなすばらしい仕事をします」といった気持ちをこめて、「勉強になりました」「見習います」のフレーズで、感動を伝えるとともに〝できる後輩〟をアピールしましょう。

（**仕事ができる＝常に勉強している**
「今度ぜひ、いつもお読みになっている本を教えてください」。先輩からのアドバイスは、値千金。ぜひ助言を仰ぎたい。）

ただ、注意したいのは、相手が年やキャリアの近い先輩のとき。

×私なんてとてもマネできません
×足元にも及びません

「足元にも及ばない」とは、「相手の才能、力量、努力が非常にすぐれていて、とてもかなわない」という意味。

使う相手が上司、年配者など、明らかに経験や格の上の人なら問題ありません。しかし、ポジションが近い人に対してだと、使うのは、「少しは追いつけよ！」と上司から突っ込みを入れられそうですね。

単純なミス

「ごめんなさい」「だって」では挽回はムリ

どんなに気をつけても、すべての作業からミスをなくすことは不可能です。それは、あなたの上司も知っています。

✕ごめんなさい

△ほんとうにすみません

○申し訳ございませんでした

「すみません」は、ビジネスには向かない言葉。さらに「ごめんなさい」は、もっと幼い印象。親に叱られた子供を彷彿《ほうふつ》とさせます。

「ものの言い方も知らないから、そんなミスをするんだ!」と、火に油を注いでしまいそうです。ビジネスでのお詫びの言葉は「申し訳ございませんでした」と覚えておきましょう。

またビジネスにおいては、結論から話すのが基本。ですから、まず「申し訳ございませんでした」とお詫びの言葉を述べた後、どうしてそうなったのか、事情を明確に説明します。

そのときにもっとも大切なのは〝人のせいにしない〟ことです。

心からの謝罪は顔に出る
ふてくされて「申し訳ございませんでした」と言っても逆効果。反省の気持ちをこめて謝罪しよう。

△ だって○さんが言ったとおりにしたんですよ

○ すっかり△だと思い込んでおりました

先輩の○さんが「じゃあ、明日までにね」と言った、ほんとうは今日中だった、そしてあなたは上司に叱られた……であっても、人のせいにする態度は評価に値しません。すべて自分の責任と受け取る姿勢が重要。「だって」は、禁句中の禁句です。

△これからは気をつけます

○今後は充分に△の点に気をつけて、事にあたります

叱るという行為は、楽しい行為ではありません。もっと成長してほしい、そんなあなたへの気持ちがあるからこそできること。その愛情をしっかりと受け止め、「今回のミスから、こういうことを学びました。こういうことに気をつけていこうと考えています」と今後の行動指針を示しましょう。そして、その〝気づき〟は、あなたのビジネススキルになっていくのです。

×どうすればよかったんでしょう?

など、言語道断。それを考えて提案し、上司に確認を取るのがあなたの仕事。職場は学校ではありません。教えてもらえて当たり前ではないのです。

まずは提案、そして確認が、ビジネスの基本的な流れだと自覚しましょう。

言い訳は無用の長物

事情説明と言い訳はまったく異なる。事情説明は客観的な経緯の説明。言い訳は〝保身〟に限りなく近い。

致命的ミス

猛省は"態度と言葉"のセットで示す

「やってしまった……」「我ながら、これはひどい……」、そんな大失敗をしたとき。まずは「このたびは誠に申し訳ございませんでした」と、心からの謝罪をしましょう。謝罪を終えたら、しっかりと反省していることを伝えます。

△ **反省しています**

○ **自責の念に耐えません**

○ **面目次第もございません**

面目＝人にあわせる顔のこと。つまり、

○ **あわせる顔もございません**

も、同様となります。

深く頭を垂れて、文字どおり姿勢から反省を示すことは、言うまでもありません。

×お恥ずかしい次第です

は本来、年輩、もしくは社会的立場の高い人用のフレーズ。つまり、年齢、ビジネス経験、立場などに見合わない、凡ミス、勘違い、非常識な結果などを反省する言葉なのです。

年若く、経験も浅い新人が使用するのは、まったくそぐわないので要注意。


落ち込まず前向きに！

失敗は、今後はちゃんと〝気にする〟ことが重要。もう二度と繰り返さないと肝に銘《めい》じよう。しかし落ち込むことはない。

後輩の失敗

「不行き届き」「至りませんで…」自分の責任とするのがカッコいい

あなたが指導している後輩が、お客様の前でちょっとしたミスをしてしまいました。そんなときは、

△ 部下がミスをして、申し訳ございません

○ 不行き届きで、まことに申し訳ございません

○ 私の不徳のいたすところです。まことに申し訳ございません

○ 至りませんで、申し訳ございません

「不行き届き」「不徳のいたすところ」「至りませんで」のひと言で〝自分の責任として感じている〟ことが伝わります。

言うまでもなく、ここでも言い訳は不要。淡々と事情説明を行いましょう。

部下の悪口を言わない
「物覚えが悪くて」「気がきかなくて」「いまどきの若者ときたら」……それでも指導するのが、あなたの仕事。

ここで「自分の責任ではない」的な発言は、あなた自身の評価を下げます。

×○に任せることを決めたのは、私ではありません
×○には荷が重かったようです
×だから○は無理だと言ったんです！

「今度のプロジェクトは、新人の○に任せようか」などと上司に言われ、「ほんとうに大丈夫かな？」と思いつつ任せたらミスの嵐。

それでも、直属の上司であるあなたの指導が至らなかったからこその、部下のミスと心得て。

とにかく俺
悪くない
任せるって決めたの部長だし
物覚えは悪いし気はきかないし社会常識ないしこいつが悪いし
部下だぁぁぁぁぁ
部長がぁぁぁぁ
え？
部下の不始末
上司の責任

近隣トラブル

お互い様のことだけど、「お互い様」で済ませない

夜遅くまで騒いでしまった。子供がお友達をケガさせてしまった。ご近所で起こりがちなこんなトラブル。

△ ごめんなさいね

○ たいへん失礼いたしました

○ ほんとうに申し訳ありませんでした

ごく親しい間柄であれば、「ごめんなさいね」も通用するかもしれません。しかし、「ごめんですむと思っているの?」と、気を悪くされる危険性もあります。

親しい仲にも礼儀あり。しっかり礼を尽くした言葉でお詫びしたいものです。

そして子供が犯してしまった事柄であれば、子供も連れていく、または電話口に

出させて、本人の口からお詫びさせることも大切。

今後の対応をしっかりと提案
物を壊した、ケガで治療が必要等、今後どう対応するのか、自ら申し出る。誠意がより伝わるはず。

火に油を注ぐのは、

×お互い様ですよね

×子供のしたことですから

×悪気はなかったんですから

などという、開き直り。特に子供のことだと、このフレーズが出がち。しかし、これらは被害を受けた相手からの気配りフレーズであって、被害を与えたほうが口にすべき言葉ではありませんね。

「以前そっちも、うちの子にケガさせたしね」といった態度では、かえって事を深刻化させるだけです。

怒り爆発！

大人は理性で反省を促そう

たとえばレストランで店員さんが、何度も何度もオーダーを間違えた。しかも長時間待たされて、せっかくの会食が台無し。あなたは店長さんを呼び出して、クレームを伝えました。

△ 怒っています！

○ 大変不愉快です

○ 事情を説明してもらえますか

「なんなのよ！」「なんだと思ってやがる！」と声を荒げ、口汚い言い方で叫ぶ、〝年だけは大人〟の方を見かけます。しかし、その光景は、決してまねしたい大人の対応とは思えませんね。

大人は、〝赤い炎より白い炎のほうが熱い〟ことを知っています。顔を紅潮させて怒りをあらわにするよりも、静かに自分の感情を伝えるほうが、相手からは侮れない相手と思われ、誠実な対処を引き出せそうです。結果、いち早く解決を迎えられるのではないでしょうか。

また、相手がミスに至った理由がわかれば、少しは怒りの炎もおさまるかもしれません。

相手の目を見てきっぱりと

口調は冷静に、しかし相手の目をしっかりと見据《す》え、「ほんとうに怒りを感じている」ことを、しっかり伝える。

✕何を考えているのでしょうか？

この言葉の主格は「あなた」「あなたのお店」などになります。つまり、〝個〟を責めている言葉です。

責めるべきは〝個〟ではなく〝行為〟。人格や存在の否定は、いくら怒っていても避けるのが、大人のルールです。

非常識！

同じレベルに下がらないトーク戦略

「よくあなたが、○社に入れたもんだね！」「どうせコネとかで、採用されたんでしょ？」

商談で訪れた取引先で、耳を疑いたくなるような暴言を、取引先の担当から言われたあなた。

△ やめてください

○ ご冗談がお好きですね

○ 時間もないことですし、さっそく本題に…

○ 申し訳ございません。そろそろ、お仕事の話に入らせていただいてよろしいでしょうか？

こうした失礼な人を、真正面から相手にする必要はありません。話が長引かないよう、これ以上不愉快な思いをせずにすむよう、いち早く話を切り替えるのが大人の戦略です。

友人ならば、きちんと注意を

友人であれば「だめよ、そんなこと言っちゃ」「私は友達だからよいけれど、ほかの人なら気を悪くするよ」と注意したい。

×失敬な方ですね
×何を考えていらっしゃるんですか！

商談であれば、その日の話し合いは、おじゃんになるでしょう。いくら敬語を使っていても、相手の短所を責める言葉は、自分が〝失敬な方〟などと露も思わぬ相手にとっては、侮辱《ぶじょく》となります。

結局は「お宅の社員は私の悪口を言った」とねじこまれ、話がややこしくなることと必至。かえって面倒です。

反論！

反撃は、相手を認めることから始めよう

話し合いの最中、自分の意見を言ったら反論されることは当然あります。人間の数だけ意見もあれば、正義の形もひとつではありません。

しかし反論する相手の言葉が非常に攻撃的で、責めるような言い方だった場合、あなたならどうしますか？

△ **そんな言い方はないでしょう**

○ **あなたは別のお考えなのですね**

○ **そういった解釈もありますね**

大事なのは戦って勝利することではなく、お互いの意見をきちんと飲み込み、違いを認め合うこと。

そんな大人のルール、話し合いの本筋にいち早く戻れるよう、あなたが会話をコントロールしましょう。とりあえず

○なるほど…

と、いったん相手の暴投球をあなたのミットに収めれば、次の投球（会話）はあなたのさじ加減を加えやすくなります。

相手の口調に乗せられない
感情的になってしまうと、冷静な判断ができるはずもない。まずは相手を静めることが先決。

×今、何て言いましたか？
×おっしゃっている意味がわかりません

これでは「お話にならない」「おかしいんじゃないの？」と言っているのも同じ。語調は静かであったとしても、相手を認めないという意味では、攻撃している人と同じ土俵に乗ったということになります。

心外…

“私の身”になってもらうモノの言い方

いわれもない噂話に惑わされているとき。身に覚えはないのに、意地悪な行為をされたとき。単純に、迷惑をかけられているとき。

△ **困っています**

○ **困惑しております**

○ **当惑しております**

○ **ほとほと閉口しております**

そのほか、情けないほど困っているときは、

○ **やりきれない気持ちです**

と付け加えるのも効果的。

逆取材で問題解決
「どうしてこんなことになったのかしらね?」などと、その原因を探ってみよう。
問題解決の糸口が見つかるかも。

しかし、相手につめ寄るのは逆効果になることも。

×誰から聞いたんですか!
×そんな人間だと思われていたのでしょうか!

言葉として正しい表現だからといって、大人のフレーズとはいえないという好例です。

自分を誤解した人を責める姿勢がうかがえます。相手を責めるのは、相手が明らかにあなたに対し、敵意を持っていると判断できたときのみ、と心得ましょう。むやみにかみつくのは、敵を増やすだけで、逆効果です。

誤解…

真意が届かない切なさを訴える

ちょっとした言葉の行き違いや気持ちのすれ違いで、あなたの本意が伝わらなかったとき。

あなたは、その現状を打破し、きちんと気持ちを伝えたいと切望します。

△ **違います！**

△ **誤解です！**

○ **心外です**

私はそうしたかったわけではないという気持ちが、文字どおり〝私の心の外〟という言葉に表現されます。

そして、

○身を切られる思いです

体を裂かれてしまうほどの辛さを感じています……と、今の自分の心情をしっかり伝えて、一刻も早く誤解を解きましょう。

（**"日にち薬"が効くことも**
時間の経過によって、事が収束するときもある。しばらく静観することも作戦のひとつ。）

×そんなわけないでしょう！

×いい加減にしてください！

×そんなふうにとるなんて、どうかしていますね

いくら不本意でも、怒りに任せたこの言葉は最後通告のひと言。その人との縁が切れてもよいと決意をするまでは、口にしないほうがいいでしょう。

また、公平な第三者を交えて、クールに話し合いをするのも大人の方法です。

同情…

気持ちだけではなく援助の申し出を

災害に見舞われるなど、本人に責任はないのに、不幸な経験をしてしまう……人生には〝まさか〟という坂があるといいます。そんな坂を大事な方が登ることになったとき、あなたはきっと、深く同情することでしょう。

△ 同情しています

△ おかわいそうに……

○ 私でお役に立つことがあったら、なんなりとおっしゃってください

「同情している」「かわいそうに」と言われ、ありがたいと思う人もいれば、「同じ目に遭っていないあなたに何がわかる！」「あわれまないで！」と思う人もいます。

不用意な一言が、慰めの言葉を失敬な言葉に変換させることも。

言葉よりも行動が、雄弁にあなたの気持ちを語る場合もあります。心から同情しているのなら、相手の手となり足となって、窮地からいち早く抜け出せるよう、お手伝いしたいものです。

しかし、相手に同情するあまり、

✕不憫です

……は、注意が必要です。「不憫《ふびん》」とは「気の毒に思い、目をかけること」。つまり、自分のほうが目上、年上など、この言葉にそぐう立場にある場合は機能しますが、恩師の災害見舞いに「不憫です」は誤用といえるでしょう。

そっと見守る思いやりも
ともかく一人にさせて！　相手がそう考えるのなら、そっと見守ることも、充分な思いやり。

お別れ…

心残りを表しつつ応援フレーズを！

大人として生活していると、ほんとうは別れがたいのに、立場上、お別れしなくてはならないシーンがあります。

プロジェクトの途中で急な転属、家の事情で仕事を辞するなど。ほんとうは去りたくない。まだここにいたい……。

△ 残念です

○ 心残りです

○ 後ろ髪引かれる思いです

○ 身を切られる思いです

これらのひと言を最後に、お互いに励ましの言葉をかけるのが、大人流のお別れ、はなむけです。

はなむけ＝馬の鼻向け
別れのとき贈る言葉、品物をさす〝はなむけ（餞）〟は、旅立つ人の馬の鼻を目的地のほうへ向けてあげたことから。

励ましや応援の言葉としては、ストレートに「これからも応援しています」。その他「何かお困りのときには、いつでも遠慮なくご連絡ください」といった、実務的なフォローもありがたく思われるでしょう。ともあれ、

✕悔しいです

という心残りな気持ちは切りかえて。〝後ろ髪〟を引かれるといいますが、チャンスの神には〝前髪〟しかないとか。
あなたがいつまでも後ろ髪引かれ続けていると、あなたも残る人々もチャンスをつかめないのですから。

別れはつきもの、一期一会を大切に

このプロジェクトとも
今宵限り
名刺を捨て
机を捨て
可愛いスタッフの
手前たちとも
別れ別れになる門出だ
心残りではござんすが
いざさらば
がんばれ！
困ったときには
お便りを
よっ！

付録

文書・メール・言い換え・敬語etc.

大人の言い回し 知恵袋

文書・手紙・メール…
書き言葉の大人流作法

文書に表れるあなたの大人度

社会人になると、なにかと書き言葉によってコミュニケーションをとる機会が増えます。社内での報告文書、取引先へのビジネスメール、季節のごあいさつ手紙などなど。

「いろいろ面倒な決まり事があるのでしょう?」と心配になるでしょうが、逆に決まり事があることによって、安心なのです。文学的センスや文章製作術よりも、場やシチュエーションに即した定例的な言葉を選ぶことで、社会人作法はクリアできます。

美辞麗句《びじれいく》を並べる必要はありません。大人の共通用語をきちんと選び、礼にかなったタイミングで出すことです。

出すタイミングを間違えない！ さぼらない！

実は、一番無作法なのは、〝出すべきときに文書を出さない〟〝もらったメールや手紙に返事を書かない〟こと。

特にビジネスの場面では、「前に出

したメールで、会議日程の変更をお願いしたのだけど、いつまでたっても返事が来ない。大丈夫だろうか？」など、相手を不安に落としいれ、同時にビジネス上の信用を失います。

特にメールの返事が遅いのは、ルーズな印象を与えてしまいます。メールは原則として当日返事をすることをルールにしておくと安心です。

即時、判断できないことや、上司の指示を仰ぐ時間が必要な場合などは、「ご連絡ありがとうございました。検討して、近日中にお返事させていただきます。今しばらくお待ちください」のひと言を返信するだけで、ずいぶんと印象が変わります。

自分のところで、コミュニケーションの流れを止めてしまわないことを強く意識して、いくつかの定例文を用意しておくと便利です。

タイミングが命！
定例文
定例文

仕事メールに
作家性はいらない

便利なビジネスメール返信文

日常語	返信文
■決定した内容で返信	
わかりました	了解いたしました。それでは(了解内容を書く)……。 どうぞよろしくお願いいたします。
変更オッケイです	ご変更、確かに承りました。それでは(変更内容を書く)……。 どうぞよろしくお願いいたします。
問題ないです	ちょうだいいたしました内容で問題ございません。 ありがとうございました。
次は○日に訪問します	それでは、次回は○月○日(○曜日)○時、御社にお伺いいたします。 どうぞよろしくお願いいたします。
次は○日に 来てください	それでは次回は、○月○日(○曜日)○時、ご来社をお待ちしております。 ご足労ながら、どうぞよろしくお願いいたします。
○(請求書等)を 送ってください	お手数ですが、○(請求書等)をお送りいただけますでしょうか。 どうぞよろしくお願いいたします。
○(データ)をください	お手数ですが、○(データ)をこのメールの返信に添付の上、お送りくださいますでしょうか?　どうぞよろしくお願いいたします。
○を修正してください	大変恐縮ながら、お送りいたした○は、△(修正内容)にご修正後、再度お送りいただけますでしょうか?　どうぞよろしくお願いいたします。
○日までに 送ってください	ご多用中恐れ入りますが、○月○日(○曜日)までに、お送りいただけますでしょうか。どうぞよろしくお願いいたします。

日常語		返信文
		■返事を待ってもらう返信文
先方からの提案・相談など	近々返事をする	ご提案（ご連絡）いただきまして、ありがとうございました。 さっそく検討させていただきます。 近日中にお返事申し上げますので、今しばらくお待ちください。 どうぞよろしくお願いいたします。
	○日までに返事をする	ご提案（ご連絡）いただきまして、ありがとうございました。 さっそく検討いたしまして、○月○日（○曜日）までに、ご連絡いたします。 誠に恐縮ながら、今しばらくお待ちください。 どうぞよろしくお願いいたします。
	○（会議など）のタイミングで返事をする	ご提案（ご連絡）いただきまして、ありがとうございました。 さっそく○月○日（○曜日）の会議で検討させていただきます。 その後、お返事させていただきますので、今しばらくお待ちください。 どうぞよろしくお願いいたします。
先方からの指示（修正など）	近々返事をする	ご指示いただきまして、ありがとうございました。さっそくご指示のように作業（修正）させていただきます。大変恐縮ながら、今しばらくお待ちいただけますでしょうか。 どうぞよろしくお願いいたします。
	○日までに返事をする	ご指示いただきまして、ありがとうございました。 さっそくご指示のように作業（修正）させていただきます。 大変恐縮ながら、○月○日（○曜日）まで、お時間をいただけますでしょうか。 どうぞよろしくお願いいたします。

ビジネス文書の定例敬語 ※(　)の表記は、一般的な敬語変換となるもの。

日常語	敬語に変換
■私の行動	
見ます	拝見します
話します	ご説明申し上げます
知らせます	ご通知(ご案内)申し上げます
問い合わせます	ご照会いたします
もらいます(贈り物など)	賜ります
もらいます(書類など)	拝受申し上げます
喜んでいます	恐悦に存じます
事情はわかります	お察し申し上げます
適切に処置します	善処いたします
恐れ入りました(褒めてもらったときなど)	恐縮しております
贈ります	ご笑納ください
素晴らしいです	驚嘆しております
叱ります	ご注意申し上げます
心配しています	ご案じ申し上げます
断ります	ご遠慮申し上げます・ご辞退申し上げます
■私からのお願い	
見て	ご高覧ください
教えて	ご教示ください
連絡して	ご一報賜りたく存じます
受け取って	ご査収ください
調べて	ご照査くださいますようお願い申し上げます
決めて	ご英断賜りますようお願い申し上げます
貸して	拝借できれば幸いです
出席して	ご臨席(来臨)賜りますようお願い申し上げます
ひいきにして	ご愛顧ください
納得して	ご了承ください
これからもよろしく	今後とも、ご指導ご鞭撻のほどお願い申し上げます
がんばって	ご尽力いただければ幸いです
許して	ご海容(容赦)ください
助けて	ご助勢いただければ幸いです
知っておいて	ご承知ください
意味をわかって	お含み願いたく存じます

ビジネス文書定例文のご活用を…
自称メールの達人
よろしく！
メール見ました！(^o^)/
了解です！！！！！！
問題ないですよ！！！
変更オッケーです(^_<)☆
B案も修正してください!!
間に合いますか？？？
がんばってくださいp(^^)q
よろしくですm(_ _)m
あう……
メンタル・ダメージが……

相手のマイナスをプラスに変える！

大人の表現で失礼発言防止

原則として、体型の話題は避けたほうが無難

「ふくよかな方ですね」

標準体重以上だろうと思われる方に、この言い方は、大人として決して失礼な表現ではありません。「太っていますね」というよりも、何倍も気遣いが感じられる言葉です。

しかし言われたほうは、「ああ、やっぱり私太っているのね……」と思うでしょう。

また、背が高くてまるでモデルさんのようにスレンダーな方に対し、「背がすらりとなさっていてステキ！」と褒めたとしても、背が高いことを悩んでいる人が聞くと、「ほんとうは小柄でかわいい女性に見られたい」と、コンプレックスを刺激する場合も。

相手の体型に関することは、その人にとって何がマイナス表現になるのか、判断が難しいところ。自分から話題にするとなると、かなり慎重な態度が求められます。

明るい方向へ話を導く

人の悪口をまくしたてる、話相手。二人だけならよいのですが、そこはとある祝賀会会場でした。さて、どうしましょう？ 同調すれば、その悪口の内容に同意したことになります。また反論すれば、話相手の評価を否定したことに。難しいシーンですね。

こんなときは、場にふさわしい話題を変えるのが一番です。

「ねえ、それにしても、今日は盛会ね。お料理もとても美味しいわ。もうサーモンのパテはいただいた？」など同意も反論もしないまま、困った話を終わらせましょう。

自分の意見をはっきり言うことは、決して悪くはありません。しかしそれは場所を選んで行うことが大前提。自らその「場」にふさわしい会話を選ぶのはもちろん、相手の話題のハンドリングもできると大人度さらにアップです。

マイナス→プラス　大人の言葉選び術

	マイナス	プラス
性格	わがまま	甘え上手な方ですね。
	暗い	物静かな方ですね。
	おとなしい	上品な方ですね。
	目立つ	まるで花が咲いたよう！
	目立たない	控えめな感じが、とてもステキです。
	人見知り	人見知りの方は、いったん親しくなった方とは長くお付き合いできるって聞きますね。
	おっちょこちょい	ほんとうに憎めない方ですね。
態度	落ち着きがない	アクティブな方ですね。
	おしゃべり好き	話題が豊富で、すっかり魅せられてしまいました。
	無口	物静かで、ご一緒させていただくと落ち着きます。
	説教くさい	いい勉強をさせていただきました。
	自慢話が多い	すばらしい○（品物・技術・家族など）で、ほんとうにうらやましい！
	知りたがり	好奇心旺盛なんですね。
	噂好き	いろいろなことをご存知で、参考になりました。
	人の話を聞かない	※言っても聞かないので、あえて言わない。

成果	失敗	失敗は成功のためのステップといいます。
	勉強不足	私もまだまだ勉強不足で……。めげずに一緒にがんばって勉強しましょう!
	経験不足	年をとったときには、笑い話になっていますよ。
	試験に不合格	今回の経験があるから、次回の合格率はきっとアップしますね。
ダメなこと	お酒が飲めない	**(自分はお酒好き)** そうなんですか、酒代がかからないのでいいですね。 **(自分もお酒ダメ)** 私もお酒がダメなんです。今度、美味しいお茶でもいかがですか?
	好き嫌いがある	**(自分は好き嫌いなし)** そうなんですか、私などは悪食《あくじき》で、なんでもたいらげてしまいます。 **(自分も好き嫌いあり)** 私も実は○がダメで……。でも△は大好きなんですよ。
個人的な悩み	結婚の意志があるが未婚	ご縁ですものね。でも○さんの△(聡明さ等、美点)を見逃さない人が、きっと現れますよ。
	転職を繰り返している	はやく「これぞ!」という天職にめぐり合えるといいですね。
	リストラされた	大きなチャンスですね! 次はどんなお仕事をお考えなのですか?
	出世が遅い	大器晩成とは、あなたのような方ですね。
	上司の評価が低い	いつか、あなたの△(まじめさなど美点)が評価されると信じています。
	持病がある	一病息災とも申しますし、ふだんからお医者様にみていただいていたら、かえって安心かもしれませんね。

せっかくの敬語なのに…

間違い＆失敬敬語にご注意！

敬語の3つの言葉の意味を知る

敬語は原則として3つのジャンルから成るもの。「習うより慣れろ」の言葉のとおり、先輩や上司の言葉をまねしながら、日々使っていくうちに身についていきます。まずは3つのジャンルを知っておきましょう。

【尊敬語】目上の方に対する言葉です。

【ていねい語】ていねいで上品な言い方のこと。「です」「ます」「ございます」など、ふだんもよく使う表現も敬語の一つです。

【謙譲語】自分の行動や考えを、へりくだった表現をするものです。自分を下へ置くことで、相手を上位にする方法。

一般的に、使う→使われます・お使いになる（尊敬語）、使います（ていねい語）、使わせていただく（謙譲語）と、「お～なる」や、言葉の語尾の表現が変わることで、規則的にそのニュアンスを変えます。

しかし、「会う」→「お目にかかる」

（謙譲語）など、まったく違う表現になることもあります。

間違い敬語の代表格・二重敬語

目上の方が周りに多いあなたなら、敬語では、「～させていただきます」といった謙譲語を使う場合が多いでしょう。しかし食事の始めに「いただかせていただきます」は、〝いただけない〟表現です。「いただく」は、それだけで謙譲の表現。それにさらに「いただきます」を加えたのでは、二重敬語となってしまうのです。

二重敬語とは、敬語表現が重なること。慇懃無礼《ぶれい》に聞こえたり、あるいは皮肉にとられたりと、いわば敬語のタブーなのです。

また「社会人経験が短いのかしら？」と、大人度が低く見られてしまいますから、注意しましょう。

使いすぎ！没収！
SASETE ITADAKI MASU
✕
いただかせて いただきとうございます

よく聞く間違い&失敬敬語

本人はよいと思って使っていても、実は間違い敬語や失敬な言い方……ということはあるものです。注意しましょう。

	言いたいこと	間違い&失敬敬語	正しい敬語	なぜ?
ちょっとした一言	よろしければ	およろしければ	よろしければ	「よろしければ」で、すでにていねいな言い回し。
	先生が言いました	先生がおっしゃられました	先生がおっしゃいました	「おっしゃった」だけで「話す」ことの尊敬語。さらに「られた」をつけると、二重敬語になってしまう。
	見てください	拝見してください	ご覧ください	「拝見」は自分が見るときの謙譲語。
	言ってください	申されてください	おっしゃってください	「申す」は「言う」の謙譲語。さらに「される」を加えて、二重にダメな敬語に。
	手伝いましょうか	手伝ったほうがよろしいですか	お手伝いさせてください	文法として正しいが、「手伝わないほうならいい」と考えているように聞こえる。
	(あなたのアドバイスや行動で)助かりました	あなたのせいで、助かりました	あなたのおかげで助かりました	「あなたのせい」は、相手を責める言葉。
お願いごとや相談	力を貸してください	お力になっていただきたいのです	お力添えください	「力になる」は、自分の行動に対する言葉。相手に望む場合は「力添えください」。
	見せてください	お見せしてください	拝見できますか	「お見せする」は謙譲語。よって不正解。
	検討してください	検討してもらいたいのです	ご検討いただきたいのです	「もらいたい」は、失礼な言い方。「検討していただきたい」が正解。
	名前を書いてください	お名前様をお書きください	お名前をお書きください	「様」は呼称につける敬称。一般名称の「お名前」には無用。
	あっちで聞いてください	あちらでお伺いください	あちらでお聞きになってください	「伺う」は自分の行為のみで使用。

ビジネスシーン

■社内の人に対して

言いたいこと	間違い&失敬敬語	正しい敬語	なぜ?
ご苦労様	ご苦労様です	お疲れ様でございます	×ご苦労様　○お疲れ様。「ご苦労様」は、目下へのいたわり言葉。目上に対しては失礼になる。
電話が入っています	お電話がお入りになっています	お電話が入っております	間違い例は、「電話」に対して尊敬語を使っている。
お客様を応接室に案内した	応接室に通しておきました	応接室にお通ししました	「〜しておく」では、乱暴な言い方に。
部長が言いました	部長が申されました	部長が言われました（おっしゃいました）	「申す」は「言う」の謙譲語。目上の部長を謙譲するのはおかしい。
社長が部長に、○してほしいと言っていました	社長が部長に、○してほしいとおっしゃっていました	社長が部長に、○していただきたいとおっしゃっていました	○してほしい……という相手が上司の場合、大変失礼。
取引先の○さんが来ました	○さんが来ています	○様がお見えになりました	「来ている」は日常語。敬語ではない。また、「○さん」よりも「○様」のほうがていねい。
私も同行します	私もご一緒いたします	私もお供いたします	「ご一緒する」という言い方はない。正しくは「お供する」「ご一緒にまいる」。
私がやります	私にやらせてください	私に担当させてください	「やらせる」とは、人に何かさせること。
ミスしました	ミスさせていただきました	ミスをしてしまいました	敬語を使おうとして間違うと、余計に信頼を失う。「ミスをしてしまいました」でOK。

ビジネスシーン

■社外の人に対して

言いたいこと	間違い&失敬敬語	正しい敬語	なぜ?
(受付として)名刺をもらえますか?	お名刺をちょうだいできますか?	お名刺をお預かりできますか?	自分の担当している人ならいいが、誰かの代理でもらう場合はNG。
(受付で)誰を呼びますか	どなたを呼びますか?	誰をお呼びしましょう?	「どなた」は尊敬語。よって社内の人間には「誰」が正しい。
今課長が来ますから、待ってください	今課長が見えますから、少々お待ちください	今課長が参りますので、少々お待ちください	×見えます ○参ります。課長は社内の人間。社外の人に対しては、謙譲語の「参ります」で。
(他社に自社の上司を紹介)○部長です	こちら、○部長でございます	こちら、部長の○でございます	「○部長」など名前+役職名は、それだけで敬称。よって他社の人に対しての言葉としては不適。
(取引先から伝言を預かり)部長に伝言します	部長に申し上げておきます	部長に申し伝えます	「申し上げる」は自分が、自社の部長に対して謙譲する言葉。社外の人に向かって、自社の上司を持ち上げた表現は×。
(取引先の方は)いつ帰ってきますか	何時ごろお戻りになられますか?	何時ごろお戻りになりますか?	「お戻りになる」プラス「れる」の二重敬語。
(自社の)○はお休みです	○はお休みをいただいております	○は休ませていただいております	話相手の方に、お休みをいただいたわけではない。「休む」の謙譲表現「休ませていただいている」が正解。

■その他

車を待たせています	車をお待たせしております	車を待たせております	「待たせている」ことをしたのは自分。よって「お待たせしている」は間違い。
見てくれましたか	ご覧いただけましたでしょうか	ご覧になりましたでしょうか	「ご覧」プラス「いただく」で二重敬語に。
○時でいいですか	○時でどうですか？	○時のご都合はいかがでしょうか	どうですか？……は、ずいぶんフランクな表現。
その料理にします	それでけっこうです	それをいただきます	他にも食べたいものがあるがイヤイヤ……という印象。「それをいただきます」と明確に。
食べます	いただかせていただきます	いただきます	「食べる」の謙譲語「いただく」と、「する」の謙譲語「させていただく」がブッキングの二重敬語。
食べてください	どうぞいただいてください	どうぞお召し上がりください	「いただく」は、「食べる」の謙譲語。招待した側から言う場合は「召し上がってください」。
コーヒーと日本茶、どっちがいいですか	おコーヒーと日本茶のどちらになさいますか	コーヒーと日本茶、どちらになさいますか	×おコーヒー　○コーヒー。外来語（コーヒー）に、基本的に「お」はつけない。
ごちそうさま	すみません	ごちそうさまでした	「すみません」は、お詫びの言葉であり、お礼の言葉ではない。

本書は、二〇〇六年に小社より刊行された『大人の話し方便利帳』を加筆、修正したものです。

青春文庫

ちょっと気《き》の利《き》いた
大人《おとな》の言《い》い回《まわ》し
「ことば選《えら》び」ひとつで、
自分《じぶん》を上《あ》げる

2013年3月20日　第1刷

著　　者　知《ち》的《てき》生《せい》活《かつ》研《けん》究《きゅう》所《じょ》

発 行 者　小澤源太郎

責任編集　株式会社プライム涌光

発 行 所　株式会社青春出版社

〒162-0056　東京都新宿区若松町 12-1
電話 03-3203-2850（編集部）
03-3207-1916（営業部）
振替番号　00190-7-98602

印刷／共同印刷
製本／フォーネット社
ISBN 978-4-413-09567-9